本书为

国家社科基金重点项目

国家出版基金项目　结项成果

「十三五」国家重点出版物出版规划项目

THE GENERAL ANNALS
OF CHINESE CONFUCIANISM

国家出版基金项目
NATIONAL PUBLICATION FOUNDATION

中国儒学通志

丛书主编　苗润田　冯建国

魏晋南北朝卷·纪事篇

本册作者　吕玉霞

ZHEJIANG UNIVERSITY PRESS
浙江大学出版社
·杭州·

图书在版编目(CIP)数据

中国儒学通志·魏晋南北朝卷·纪事篇 / 苗润田,
冯建国主编;吕玉霞著. —杭州:浙江大学出版社,
2022.12
　ISBN 978-7-308-23193-0

　Ⅰ. ①中… Ⅱ. ①苗… ②冯… ③吕… Ⅲ. ①儒学－
研究－中国－魏晋南北朝时代 Ⅳ. ①B222.05

　中国版本图书馆 CIP 数据核字(2022)第 196691 号

中国儒学通志·魏晋南北朝卷·纪事篇
主　　编　苗润田　冯建国
本册作者　吕玉霞

出 版 人	褚超孚
策　　划	袁亚春　陈　洁
统　　筹	陈丽霞　宋旭华　王荣鑫
责任编辑	吴　庆
责任校对	吴心怡
责任印制	范洪法
封面设计	项梦怡
出版发行	浙江大学出版社
	(杭州市天目山路 148 号　邮政编码 310007)
	(网址:http://www.zjupress.com)
排　　版	浙江时代出版服务有限公司
印　　刷	杭州钱江彩色印务有限公司
开　　本	710mm×1000mm　1/16
印　　张	9.5
字　　数	147 千
版 印 次	2022 年 12 月第 1 版　2022 年 12 月第 1 次印刷
书　　号	ISBN 978-7-308-23193-0
定　　价	108.00 元

浙江大学出版社市场运营中心联系方式　(0571)88925591;http://zjdxcbs.tmall.com

"中国儒学通志"总序

  儒学是中华传统文化的主干,是中华民族的精神血脉,它不但对中国古代的政治、经济、思想、文化、教育等诸多领域产生过广泛而深刻的影响,对人类文明的发展做出了巨大贡献,而且在今天仍然具有不容忽视的现代价值。儒家的思想理论,广泛涉及人与自然、人与人、人与社会、群与己、古与今、知与行、义与利、生与死、荣与辱、苦与乐、德与刑、善与恶、战争与和平等这样一些人类所面对的、贯通古今的矛盾和问题,提出了天人合一、天下为公、大同世界,修身正己、自强不息、厚德载物,以民为本、为政以德、见利思义、清廉从政,明体达用、经世致用、知行合一、仁者爱人、以德立人、以诚待人、讲信修睦,求同存异、和而不同、和谐相处,有教无类、因材施教、温故知新、学思结合等一系列为学、为人、为事、为官、处世的常理和常道,对于正确处理人与人的关系、人与自然的关系、个体与群体的关系、群体与群体的关系、不同民族和国家间的关系、不同文化和文明间的关系等都具有普遍的指导意义,是人类走向未来不可或缺的精神资源。这也就是一种产生在两千多年前农耕时代并且随着历史的发展不断前行的思想、学说,在信息时代的今天仍然具有广泛感召力、影响力,为世人所推重、学习、研究、传承的根本原因。"研究孔子、研究儒学,是认识中国人的民族特性、认识当今中国人精神世界历史来由的一个重要途径。"(《习近平在纪念孔子诞辰 2565 周年国际学术研讨会暨国际儒学联合会第五届会员大会开幕会上的讲话》)"中国儒学通志"是研究孔子、儒学的一个窗口。

  "中国儒学通志"由纪年卷、纪事卷、学案卷三个部分组成。纪年卷主要记录自孔子创立儒学至 1899 年有关儒学发展的各个方面,包括重要儒学人物的生卒,儒学发展过程中有较大影响的事件,以及重要儒学论著的完成、刊印等,全方位展现儒学发展的面貌。纪事卷以事件为线索,记录有关中国儒学发展的重大历史事件,如"焚书坑儒""罢黜百家,独尊儒术"等,内容包括事件产生的原因、经过、结果及其对儒学发展的影响。学案卷以人物为中心,主要记述对儒学发展有较大影响的人物,包括该人物的生平事迹、对儒学所持的观点、在儒学发展史上的地位和贡献,以及有关的评价等。

"中国儒学通志"是我国著名学者庞朴先生继《20世纪儒学通志》(浙江大学出版社2013年6月)出版后主持的又一国家社会科学基金重点项目。庞先生去世后,2016年改由苗润田、冯建国教授主持。在苗润田、冯建国的主持下,该项目组建了一支有国内知名学者参加的学养深厚的研究队伍,制定了切实可行的研究计划和实施方案。通过多次召开小型学术研讨会,邀请王钧林教授、朱汉民教授、郭沂教授等专家学者与课题组成员一起,就课题的指导思想、整体框架、重点难点问题等展开广泛深入的研究,不但达成了学术共识而且促进并深化了对课题的认识。在这个过程中,浙江大学出版社、山东大学儒学高等研究院、山东大学人文社会科学研究院、山东大学哲学与社会发展学院自始至终都给予了巨大支持和帮助。彭丹博士协助我们做了大量的事务性工作。在此,谨向他们,向关心、支持"中国儒学通志"研究、撰著的朋友、同仁致以诚挚的谢意!

苗润田　冯建国

2022年12月于山东大学

目　录

郑王之争

郑王之争，是指三国时期经学王肃学派和东汉末期经学郑玄学派之间的学术论争。由于王肃晚于郑玄近七十年，故郑王之争实质是王肃经学对郑玄经学的反叛。

郑玄(127—200)为东汉末年经学大师，汉代经学的集大成者。两汉时期，习经成为士子步入仕途显身扬名的重要途径，郑玄也深受当时浓厚的学术氛围的影响。据《世说新语·文学第四》援引《郑玄别传》曰："玄少好学书数。十三诵五经，好天文、占候、风角、隐术。"年二十一，即博览群书，并四处游学，遍访名师，有近十年来往于幽、并、兖、豫之地。后拜当时的通儒马融为师，得马融古文经学真传，并由此奠定了其经学学术基础。遭党禁之后，遂隐修经业，潜心治学，耗尽毕生精力编辑、注释"三礼"。据《隋书·经籍志》、新旧《唐志》及本传，郑玄著有《周易注》九卷、《尚书注》九卷、《古文尚书音》五卷、《尚书大传注》三卷、《尚书义问》三卷、《毛诗》二十卷、《周官礼注》十二卷、《仪礼》十七卷、《仪礼音》二卷、《丧服经传》一卷、《丧服谱》一卷、《礼记注》二十卷、《礼记音》一卷、《三礼目录》一卷、《三礼图》九卷、《驳何氏汉议》二卷、《春秋十二公名》一卷、《春秋榖梁废疾》三卷、《孝经注》一卷、《古文论语》十卷、《论语孔子弟子目录》一卷、《六艺论》一卷、《易纬注》八卷、《尚书纬注》三卷、《尚书中候(注)》五卷、《礼纬注》三卷、《礼记默房注》三卷等，共百万余言。郑玄治学以古文经学为主，兼采今文经学及纬书，形成宏大的今古文经学体系。郑玄经学视野宏阔，注经简明扼要。汉末魏初，经学的官方注释全为郑玄注。

王肃(195—256)是三国魏时期著名经学家，以通经闻名于世。其父王朗通经博文，王肃幼承家学，研习儒家学说。后师从弘农大儒杨赐，年十八从大儒宋忠读《太玄》，并更为之解，在思想上继承了荆州学派。王肃经学兼综今、古文诸经，崇奉贾逵、马融的古文经学。后学郑玄，发现郑玄之学杂糅古今，混乱家法，于是渐生不满。

其实今古文之争是早在郑玄之前已经开始，两汉经学之今、古文问题，是各持门户、互争是非，甚至上升为政治斗争。自贾逵、马融、郑玄等一大批古文经学家出现后，古文经学逐渐兴盛。皮锡瑞指出"郑学出而汉学衰，王肃出而郑学亦衰"①。王学出现后，一举打破了郑玄经学一统天下的局面，在今古文斗争并融合的基础上开辟了新的学术局面。

据《隋书·经籍志》、新旧《唐志》及本传，王肃撰著有《周易注》十卷、《尚书注》十一卷、《尚书驳议》五卷、《尚书义问》三卷、《毛诗》二十卷、《毛诗义驳》八卷、《毛诗奏事》一卷、《毛诗问难》二卷、《周官礼》十二卷、《仪礼》十七卷、《丧服经传》一卷、《丧服要记》一卷、《礼记注》三十卷、《礼记音》一卷、《明堂议》三卷、《春秋左氏传注》三十卷、《春秋外传章句》一卷、《孝经解》一卷、《论语注》十卷、《论语释驳》三卷、《孔子家语解》二十一卷、《圣证论》十二卷、《论语义说》等。

王肃遍注群经，注疏以三礼为主。王肃对郑学多有继承，但在注疏中多有为反郑而反郑，其最终目的是超越郑学。王肃经学对郑玄经学的反叛主要表现在两个方面：

一是通过《毛诗注》，如《毛诗王氏注》、《毛诗义驳》、《毛诗问难》、《毛诗奏事》等，以应对郑氏注《诗经》。如注《关雎序》之"哀窈窕思贤才，而无伤善之心焉"时，郑说："哀，盖字之误也。当为衷。衷为中心恕之。无伤善之心，谓好逑也。"而王注曰："哀窈窕之不得，思贤才之良质，无伤善之心焉。"（《毛诗正义》）"善心曰窈，善容曰窕。"（《释文》）又如注《考槃》之"考槃在涧，硕人之宽，独寐寤言，永矢弗谖"时，郑注曰："硕，大也，有穷处成乐在于此涧者，形貌大人而宽然有虚乏之色。寤觉，永长，失誓，谖忘也。在涧独寐觉，而独言长自誓以不忘君之恶，志在穷处，故云然。"王注曰："穷处山涧之间，而能成其乐者，以大人宽博之德，故虽在山涧，独寐寤觉，独言先王之道，长自誓不敢忘也。美君子执德弘，信道笃也。歌所以咏志长以道自誓，不敢过差。"（《毛诗正义》）故马国翰《玉函山房辑佚书》评价王肃："其说申述毛旨，往往与郑不同。案郑笺《毛诗》而时参三家旧说，故《传》、《笺》互异者多。《正义》于毛、郑皆分释之，凡毛之所略，而不

---

① 皮锡瑞：《经学历史》，中华书局 2004 年版，第 105 页。

可以郑通之者,即取王注以为《传》意,间有申非其旨而什得六七。"①

二是对礼学问题的论争。王肃礼学与郑玄礼学的分歧主要表现在丧祭之礼、禘祫问题及对三《礼》的认识、理解不同。如《檀弓上》之"丧三年以为极亡,则弗之忘矣",郑注曰:"去已久远,而除其丧。则之言会。"《释文》曰:"王以极字绝句,亡,作忘,向下读。"又如《诗经·周颂·雍·序》之"雍,禘大祖也",郑注曰:"禘,大祭也,大于四时而小于祫。大祖谓文王。"②认为祫大禘小,大禘为效祭天。王肃则认为禘祭大于祫祭,大禘是殷祭,谓禘于宗庙,非是祭天。故《礼记·王制第五》之"天子祫礿,祫禘,祫尝,祫蒸",《正义》云:"王肃张融孔晁,皆以禘为大,祫为小。"又《通典》卷四十九引马融、王肃皆云禘大祫小。孔颖达疏曰:"郑康成祫禘及四时祭所以异者,此祫,谓祭于始祖之庙,毁庙之主及未毁庙之主皆在始祖庙中。"③郑玄又认为天有六天,《新唐书·礼乐志》引郑玄说:"玄以为天皇大帝者,北辰耀瑰宝也。……玄以为青帝灵威仰、赤帝赤熛怒、黄帝含枢纽、白帝白招拒、黑帝汁光纪者,五天也。由是有六天之说,后世莫能废焉。"与之相对,王肃则主张"一天说",认为五帝为五人帝,而非上天之五天帝,王肃在《圣证论》中说"天体无二","天唯一而已,何得有六"?在郊庙之礼方面,郑王观点也不相同。郑玄《礼》注认为"天子七庙",是指三昭三穆加太祖之庙而七,而文王、武王是受命之王,二者为"不迁之庙",不在"常庙之数"(孔颖达疏引王肃《圣证论》)。王肃则认为,高祖之父与高祖之祖庙为二祧,合始祖及新庙四而成七庙,郊庙之礼的是非问题,不需要追究。郑玄又认为:"禘者祭昊天于圜丘也,祭上帝于南郊曰郊。"王肃则认为,"圜丘"与"郊"并无区别。如此等等④。

王肃还通过为各经作注的方式反对郑学,甚至不惜伪造经典,如《孔子家语》、《孔丛子》即为此类书籍。《孔子家语》一书最早著录于《汉书·艺文志》,凡二十七卷,其书早佚。该书记载了孔子及其弟子思想言行,在孔子及其弟子研究中具有重要的学术价值,但是自宋代以来,怀疑王肃伪

---

① 马国翰:《玉函山房辑佚书·毛诗王氏注》,中华书局 2004 年版,第 547 页。
② 王先谦:《诗三家义集疏》,中华书局 1987 年版,第 1029 页。
③ 孔颖达:《礼记正义》卷十八,上海古籍出版社 2008 年版,第 528—529 页。
④ 王肃经学及与郑玄学说的争辩,详情可参考李振兴撰:《王肃之经学》,华东师范大学出版社 2012 年版。

造之言出现,以至在很长的历史阶段,《孔子家语》的真实性及文献价值被埋没。据载,王肃杂取先秦两汉时期诸如《论语》、《左传》、《国语》、《荀子》、大小戴《礼记》、《说苑》等著作中有关孔子逸文逸事,综合成篇。王肃通过注释阐发《孔子家语》,以反驳郑学,并因此构建了新的经学体系。《孔子家语·序》记载曰:"自肃成童,始志于学,而学郑氏学矣。然寻文责实,考其上下义理,不安违错者多,是以夺而易之,然世未明其疑情,不谓其苟驳前师以见异于前人。乃慨然而叹曰:'予岂好难哉,予不得已也。圣人之门,方雍不通;孔氏之路,枳棘充焉,岂得不开而辟之哉? 若无由之者,亦非予之罪也。'"历史上有很多学者认为《孔子家语》是伪书,如宋王柏《家语考》、清姚际恒《古今伪书考》。特别是清代,学界疑古之风日盛,王肃伪作《孔子家语》几成定论,如范家相《家语证伪》、孙志祖《家语疏证》等。但历史上也有学者认为其并非伪书,如宋朱熹《朱子语录》、清陈士珂《孔子家语疏证》力证《家语》非王肃伪造,还有宋黄震《黄氏日抄》、清钱馥《孔子家语疏证》亦持有异议。当代学者庞朴认为《家语》是"孟子以前遗物,绝非后人伪造所成",[①]杨朝明也认为《家语》是由孔子的孙子子思领编而成。[②]

《孔丛子》亦被怀疑是王肃伪作。据《隋书·经籍志》载:"《孔丛》七卷,陈胜博士孔鲋撰。"其内载子思、子上、子高、子顺、子鱼等言行,又有孔臧所著赋与书《连丛》附于末,最早见于王肃《圣证论》引,后人多怀疑此书为王肃或其门徒所作。宋朱熹、明宋濂及至《四库全书总目》皆认为并非孔鲋所作。除此之外,另有《书传》亦被怀疑为王肃伪作以驳郑玄之说。从宋代一直到今天,这种怀疑始终未被证实或被证伪。

郑王之间经学上的论争,有很多是因为理解上的差异。比如由于礼经相去久远,本身就有很多模糊不清甚至相互矛盾之处。但是二者之争不单是纯粹学术上的论争,同时也是两派政治权力的斗争。王肃是司马昭的岳父,故王学获得了司马氏的支持,他注解的《尚书》、《诗》、《论语》、《三礼》、《左氏春秋》及其父王朗所作《易传》都被列为官学。高贵乡公曹髦则好郑学而非王学。王肃对郑玄学说的挑战,不仅动摇了郑学的绝对

---

① 庞朴:《话说"五至三无"》,《文史哲》2004 年第 1 期。

② 杨朝明:《孔门师徒与原始儒家学派的构成》,载《出土文献与儒家学术研究》,台湾古籍出版社 2007 年版。

权威,使两汉经学走向衰落;同时也为玄学经学的出现创造了有利的思想环境。

郑王皆是兼通古今的经学大师和通儒。尽管互相攻讦,但其同出一宗,且治经方法相同,因此王肃经学对郑玄经学更多的是继承与发展,且具备了义理化的倾向,这就为此后王弼学说革故鼎新开辟了道路。东晋时期,郑王之学皆趋向没落,玄学经学兴起。至南朝梁陈两代,玄学化经学进一步兴盛,《周易》《尚书》《论语》除继续用郑玄注外,开始用王弼、何晏、孔安国注;《礼记》用皇侃注,《春秋左氏传》用服虔、杜预注,王肃经学通过抑制郑玄经学,结果为王弼、何晏、杜预等人的玄学经学的发展铺平了道路。

九品官人法

 九品官人法，又称九品中正制[①]，是魏文帝曹丕采纳尚书陈群的建议，于延康元年二月(220年，即篡汉之前)设立的一种选官制度。魏武帝曹操曾本着"权立九品，盖以论人才优劣，非为世族高卑"(《宋书·恩幸传序》)的目的创立"唯才是举"的人才选拔方式，至曹丕时期，逐渐发展成为按照家世背景选拔官员的制度。该制上承两汉察举制，下启隋唐科举制。从曹魏始建九品官人法至隋唐科举的确立，历经四百年时间，曹氏集团选拔官吏的方法被称为"魏氏革命"。

 九品官人法的创立有两个原因：其一是秦汉以来选官制度的弊端所造成的反动，即"察举制"和"征辟制"发展到东汉末年，地方政府操纵选举权，中央政府不能得到真实可信的评议；其二是东汉末年经过黄巾大起义之后，人士流徙严重，户籍难考，州郡察举制已不适用。《晋书》卷三十六《卫瓘传》载："魏氏承颠覆之运，起丧乱之后，人士流移，考详无地，故立九品之制，粗且为一时选用之本耳。其始造也，乡邑清议，不拘爵位，褒贬所加，足为劝励，犹有乡论余风。"曹操为求贤才，重新确立了以品第之法选举人才的标准。曹操死后，曹丕征求选拔人才的方案，当时的世家大族、吏部尚书陈群提出"九品官人"法。《通典》卷十四《选举二》："延康元年，吏部尚书陈群以天朝选用不尽人才，乃立'九品官人之法'，州郡皆置中正，以定其选，择州郡之贤有识鉴者为之，区别人物，第其高下。"陈寿《三

[①] 史学界对于"九品中正制"这一说法持有异议，如陈长琦认为，现存的魏晋南朝史料，皆无"九品中正制"的提法，最早的提法是"九品官人法"。学者们对于九品中正的设置及职权也有争议，唐长孺、韩国磐、王仲荦等学者皆有不同看法。可参考陈长琦《魏晋九品官人法再探讨》(《历史研究》1995年6期)、张旭华《魏晋时期的上品与起家官品》(《历史研究》1994年3期)、唐长孺《九品中正制度试释》(《魏晋南北朝史论丛》，生活·读书·新知三联书店1955年版)、韩国磐《魏晋南北朝史纲》(人民出版社1983年版)、王仲荦《魏晋南北朝史》上册(上海古籍出版社1979年版)等。

国志》卷二二《魏书·陈群传》也有载："文帝在东宫,深敬器焉,待以交友之位……及即王位,封群昌武亭侯,徙为尚书。制九品官人之法,群所建也。"陈群创立此法之意,实际是曹氏父子力图使名士清议与朝廷选举相统一,乡里月旦与官府品第相统一。曹丕考虑到世家大族的权力,就采纳了这一建议,开始推行九品官人之法,并在此后成了魏晋南北朝时期主要的选官制度。

九品官人法主要是对官吏的候补人选进行品评。在对乡党人士考察过程中,重要一环即宗族乡党舆论。如《通典·选举二》载："陈寿居丧,使女奴丸药,积年沈废;郄诜笃孝,以假葬违常,降品一等。其为惩劝也如是。"就因为陈寿使女奴丸药,被评议为不孝,所以屡遭打击,可见当时对于乡里品评的重视。

其次是选拔人才的方式,主要是根据地方官员的举荐,其具体操作记载可见《通典》卷十四《选举二》:"九品之制,初因后汉建安中天下兵兴,衣冠士族多离本土,欲征源流,虑难委悉,魏氏革命,州郡县俱制大小中正,各取本处人任诸府公卿及台省郎吏有德充才盛者为之,区别所管人物,定为九等。其有言行修著,则升进之,或以五升四,以六升五,倘或道义亏阙,则降下之,或自五退六,自六退七矣……而九品及中正至开皇中方罢。讨其根本,陈寿《魏志》言之太略,故详辨之也。"

据杜佑所详释,司徒在朝廷选拔一批士族出身的官员,让他们担任原籍州郡的大中正或中正官,负责考察本州郡士人。州郡中正只能由本地人充当,任中正者本身一般是九品中的二品即上品。大中正推荐选举产生本州郡的小中正,并经司徒任命,后来改由朝廷重臣司徒选拔,甚至司徒或吏部尚书直接兼任州的大中正官。《通典》卷一四《选举典》:"州郡皆置中正,以定其选,择州郡之贤有识鉴者为之,区别人物,第其高下。又制:郡口十万以上,岁察一人,其有秀异,不拘户口。其武官之选,俾护军主之。"

中正官的主要职责就是负责品评本州郡和散居其他各郡的士人。品评标准有三:家世、行状、定品。所谓家世,就是指家庭出身,即父辈或祖辈的官籍门阀,称作"簿世"或"簿阀"。行状即个人品行、能力、才华、相貌的总称,指中正对士人德才的评语。定品即确定品级,指依据行状、家世来确定品级,晋以后则完全以家世来确定品级。依据这三个标准分为三类九等,三类即上品、中品、下品,九等即上上、上中、上下、中上、中中、中下、下上、下中、下下。一品为圣人之品,无人能及,故实为虚设,二、三品为上品;四、五、六为中品,七至九品为下品,实际没有机会入仕;故能够起家入仕的,实际只有上品与中品的五个品级。定品时原则上依据的是行状,即士子德才评语,像"天才英博,亮拔不群"或"德优能少",都是中正对士人的评语,家世只作为参据。中正将评议结果上交给司徒府,经过复核后送往吏部,这就是选拔官员的依据。中正评议人物三年调整一次,中正有权升降定品者,同时政府也会对违法中正予以追责。《三国志·魏书·常林传》注引《魏略》即记载了魏初正始前王嘉、时苗任郡中正的事迹:"先时国家始制九品,各使诸郡选置中正,差叙自公卿以下,至于郎吏,功德材行所任。茂同郡护羌校尉王琰,前数为郡守,不名为清白。而琰子嘉仕历诸县,亦复为通人。嘉时还为散骑郎,冯翊郡移嘉为中正。"从这段材料我们可以看出,王嘉在地方任职,且兼任散骑郎,这就使他具备了中正官的资格,从而被各郡长官推选。

曹操由于政治军事上的需要,曾多次颁布"唯才是举"的法令。曹丕采纳九品官人法的建议,首先是因为九品官人法本身确有其可取之处,因为它坚持的是品状并重,一定程度上起到了选拔人才的作用,具有"唯才是举"的精神。其次是照顾了世家大族的利益,曹魏政权得到了士族的大力支持。但由于后期品评过程中更重视出身,故九品官人法的后期实施效果却并不令人满意,有才有德者如果出身寒门,也只能定在下品。而出身豪门者则能轻易位列上品。自设立这一选官制度以来到两晋时期,九品官人法最终成为门阀士族的专用选拔工具。由于这一官人选拔法在后期的发展中更加偏重门第,甚至显现出完全以家世为准的弊端,自西晋以后倍受批评。太尉刘毅上疏论曰:"今陛下立中正,定九品,高下任意,荣辱在手,操人主之威福,夺天朝之权势。公无考校之资,私无告奸之忌,因心百态,营求万端,廉让之风灭,争讼之俗成,窃为天朝耻之。"(《两晋秘史》第十一回《刘毅论上中正九品》)刘毅陈述中正之设,损政有八,故宜罢除中正,摒弃魏法。

从魏晋以来选官情况看,中正制确实存在很大弊端,高门士族子弟往往不须经过所谓察举,从家里就可以直接被选入仕。西晋末年的傅畅(?—300),曹魏太常傅嘏之孙"年未弱冠,甚有重名,以选入侍讲东宫",东晋谢琰(352—400)是谢安次子、谢玄从弟,"弱冠以贞干称,美风姿……

拜著作郎",东晋王洽(323—358),乃东晋宰相王导第三子,书圣王羲之的堂弟,"弱冠,历散骑、中书郎"。地位稍低的士族主要通过州辟佐吏、举秀才这两种方式入仕。晋世之后完全转变为以家世定品级,才德渐渐被忽视,故有所谓"上品无寒门,下品无势族"的吊诡局面,平民向上走的通道被封死,人才流动几乎停滞。而贵族子弟则不论有无才华能力,都可混个一官半职,所以才有他们饱食终日而无所事事,悠游闲谈而形成所谓的"魏晋风度"。

九品官人法作为两汉察举制度的延续,进一步强化了儒学教育的官方化与制度化。作为中国封建社会三大选官制度之一,该官员选拔制度在对被选人进行品评时,依据的标准仍然是儒家传统的孝行、仁恕、忠义等名教观念,重视"经明行修",及至儒家理论的外化。正如夏侯玄所说:"孝行著于家门,岂不忠恪于在官乎? 仕恕称于九族,岂不达于为政乎? 义断行于乡党,岂不堪于事任乎?"(《全三国文》卷二十一《夏侯玄》)司马炎于咸熙二年(265年)十一月曾下令曰:"令诸郡中正以六条举淹滞:一曰忠恪匡躬,二曰孝敬尽礼,三曰友于兄弟,四曰洁身劳谦,五曰信义可复,六曰学以为己。"(《晋书》卷三《武帝纪》)此处所说中正品评的标准即儒家所宣扬的忠、孝、友、德、信、义等,当然,此时司马氏所宣扬的儒家名教已显得极为虚伪,即成为司马氏借中正选举来收买人心,为自己篡魏铺平道路。

马端临《文献通考》评曰:"魏晋而后,九品中正得以司人物之柄。皆考之以里闬之毁誉,而试之以曹掾之职业,然后俾之入备王官,以阶清显。盖其为法,虽有愧于古人德行之举,而犹可以得才能之士也。"[1]至十六国和北朝时期,九品官人法的作用逐渐衰落。北魏初期并未实行九品官人法,崔浩提出"齐整人伦、分明姓族",即恢复族姓,重设官员选拔制,终被太武帝借"国史"之事戮辱。北魏孝文帝于太和年间议定百官秩品,班定族姓,复立九品官人法。孝文帝又通过各项改革,使儒家文化为代表的汉文化成为其执政时期的主流思潮。但尔朱荣借助河阴之变,将信奉汉文化的鲜卑贵族及汉世族大家尽数消灭,官人法遂流于形式。隋代开创通过考试选拔官吏的科举制,九品官人法被彻底废除。

---

① 马端临:《文献通考》,中华书局1986年版,第5页。

曹魏立太学

魏文帝曹丕于多年战乱后,要求在洛阳城开阳门外重建太学。

太学教育由来已久。汉末至魏初,儒学官方形式衰微,"章句渐疏,而多以浮华相尚,儒者之风盖衰矣"(《后汉书·儒林传上》)。从初平元年(190)开始,董卓杀主鸩后,荡覆王室,至建安末年(220),天下分崩离析,"人怀苟且,纲纪既衰,儒道尤甚"(《三国志·卷十三》裴注引《魏略》)。但汉武帝以来推行的"独尊儒术"的思想,仍然是广大民众心中的精神支柱,很多儒者仍然在坚守着自己的精神阵地。至曹魏政权建立,尽管曹操奉行兵家、法家思想,但他又倾慕周公、效法唐尧,并拟尊古制,复兴儒学,试图通过兴办学校、尊崇儒者的方式,用儒家思想来实现并巩固自己的统治。

曹魏时期,儒学教育重新兴盛。建安二十二年(217),曹操于邺城南(今河南临漳县)建泮宫,以恢复官学。建安二十四年(219),曹操的重要谋臣荀彧建议曹操:"宜集天下大才通儒,考论六经,刊定传记,存古今之学,除其烦重,以一圣真,并隆礼学,渐敦教化,则王道两济。"(《三国志·荀彧传》注引《彧别传》)魏国初建,袁涣言于曹操:"今天下大难已除,文武并用,长久之道也。以为可大收篇籍,明先圣之教,以易民视听,使海内斐然向风,则远人不服可以文德来之。"(《三国志·卷十一·袁涣传》)除了官方复兴儒学之外,民间学校也开始启用。曹操于建安八年(203)颁布《修学令》,要求"郡国各修文学,县满五百户置校官,选其乡之俊造而教学之,并在州设文学从事,郡设文学掾,县设校官掾,以主持地方学校。授业内容以五经为主,兼百家之言、文史之学。"(《三国志·魏书·武帝纪》)曹操下令各郡国都开办文化学业,挑选乡中优秀青年加以教诲。教授内容仍以五经为主。

曹丕喜文化,重儒学,自幼熟读儒家经典,自称:"吾备儒者之风,服圣人之遗教,岂可以目玩其辞,行违其诚者哉?"他继承曹操兴儒举措,于延康元年(220),任命大儒、侍中郑称为武德侯傅,教授世子曹叡。其令曰:"龙渊、太阿出昆吾之金,和氏之璧由井里之田;奢之以砥砺,错之以他山,故能致连城之价,为命世之宝。学亦人之砥砺也。称笃学大儒,勉以经学辅侯,宜旦夕入侍,曜明其志。"(《三国志》卷二《文帝纪》注引《魏略》)曹丕废汉自立为魏后,更是采取一系列措施以重新恢复儒学的正统地位。黄初二年(221),曹丕封议郎孔羡为宗圣侯,邑百户,奉孔子祀,并下诏:"昔仲尼资大圣之才,怀帝王之器,当衰周之末,无受命之运。在鲁、卫之朝,教化乎洙、泗之上,凄凄焉、惶惶焉。欲屈己以成道,贬身以救世。于时王公终莫能用之。乃退考五代之礼,修素王之事,因鲁史而制《春秋》,就太师而正《雅》、《颂》。俾千载之后,莫不宗其文以述作,仰其圣以成谋。咨!可谓命世之大圣,亿载之帅表者也。遭天下大乱,百祀堕坏,旧居之庙,毁而不修。褒成之后,绝而莫继。阙里不闻讲颂之声,四时不睹蒸尝之位。斯岂所谓崇礼报功、盛德百世必祀者哉!朕甚悯焉。其以议郎孔羡为宗圣侯,邑百户,奉孔子祀。令鲁郡修起旧庙,置百户吏卒以守卫之。又于其外广为屋室,以居学者。"(《三国志》卷二《文帝纪》注引《魏书》)这就是曹丕发布的《追崇孔子诏》,是见于正史的第一篇尊孔诏书,由此可见曹丕对儒学及大儒的重视。黄初二年,魏文帝下令恢复察举制度:"郡国口满十万者,岁察孝廉一人;其有秀异,无拘户口。"曹丕又命令,按照儒家礼仪效祀天地、明堂。黄初三年(222),曹丕下诏进用儒士,其诏曰:"今之计、孝,古之贡士也;十室之邑,必有忠信,若限年然后取士,是吕尚、周晋不显于前世也。其令郡国所选,勿拘老幼;儒通经术,吏达文法,到皆试用。有司纠故以不实者。"(《三国志·卷二·文帝纪第二》)黄初五年(224)夏四月,曹丕命"立太学,制五经课试之法,置《春秋穀梁》博士"。至是魏立太学,颁布五经课试之法,并设置儒家经典《春秋穀梁》博士,朴琼治《韩诗》,许慈治《毛诗》,胡潜治《丧服》,孟光通《公羊春秋》,来敏、尹敏通《左传》。

魏太学立于洛阳"开阳门外,去宫八里"(《水经注疏》引陆机《洛阳记》),即今洛阳市偃师佃庄太学村。该太学以传授儒家经典为主,始建于汉光武帝建武五年(29),后又屡加修葺与扩建,建武二十七年(51)又造讲堂,汉顺帝永建六年(131)大加扩建,汉质帝时太学教育发展到最高峰,后因战乱频仍而逐渐衰落。

太学考试实行五经课试法,其具体实施步骤为:"时慕学者始诣太学为门人,满二岁试通一经者,称弟子,不通者罢遣。弟子满二岁试通二经者,补文学掌故;不通者,听随后辈试,试通二经,亦得补掌故。掌故满二岁试通三经者,擢高第为太子舍人;不第者,随后辈复试,试通亦为太子舍人。舍人满二岁试通四经者,擢其高第为郎中;不通者,随后辈复试,试通亦为郎中。郎中满二岁能通五经者,擢高第,随才叙用;不通者,随后辈复试,试通亦叙用。"(《通志·选举略第二》,《三国志·文帝纪》内容类似。)

以上文字简单释之,意为:太学规定,"初入学者称为门人(即预备生);学满两年并考试能通一经者称作弟子(即正式生),不通者罢遣;弟子学满两年考试通二经者,可补文学掌故的官缺,未能通过考试者,可随下班补考,补考通二经者,亦得为文学掌故;文学掌故满两年并能通三经者,擢其高第为太子舍人,不得第者,也听随下次复试,复试通过者亦为太子舍人;太子舍人满两年并试通四经者,擢其高第为郎中,未及格者,亦随下次复试,复试通过者亦为郎中;郎中满两年并能通五经者,擢其高第而随才叙用,不通者亦听再试,试通亦叙用。"[1]且太学里"公卿大夫子弟在学者,以年齿长幼相次,不得以父兄位也"(杨晨《三国会要》卷十五《学校篇》)。

由于连年战乱,太学的老师好不容易才凑齐。据《晋书》卷二十四《职官志》记载:"太常,有博士、协律校尉员,又统太学诸博士、祭酒……晋初承魏制,置博士十九人。"也就是说,魏太学博士有十九人。其中较为出名者有大儒乐洋和书法家锺繇。当然关于十九博士之称亦有争论,如刘汝霖认为所谓十九博士是指师说,而非确定指某学之博士。[2] 王志平认为所谓十九博士之数并非某一时期所具备,而是长时间累积起来的。[3] 曹魏立太学十多年来,学生人数较多,"太学始开,有弟子数百人",后来更是达到七千余人。[4] 太学生不仅有很多官宦子弟,也有很多出身平民的学子。

黄初五年,曹丕命人把遭到破坏的《熹平石经》集中起来,修补之后立

① 宋倩云:《魏晋南北朝士族家庭教育研究》,江西师范大学硕士学位论文,2017 年。
② 刘汝霖:《汉晋学术编年》卷六,中华书局 1986 年版,第 108—109 页。
③ 王志平:《中国学术史·三国两晋南北朝卷》,江西教育出版社 2001 年版,第 133 页。
④ 《三国志·王朗传》裴注引《魏名臣奏议》:"学官博士弟子七千余人。"

于太学作为教材。又招集各地大儒汇聚洛阳,编成《皇览》作为太学新教材。太学教育内容以五经为主体,经学、玄学、文学、律学四学共举。自汉末魏初,古文经学逐渐代替今文经学的地位而日盛,诸博士所遵之经也以贾(逵)、马(融)、郑(玄)、王(肃)之古文经学为主。故《经》、《传》所取,有郑玄与王肃治《易》、《书》、《诗》、《春秋左传》,贾逵、马融治《诗》,服虔治《春秋左传》,何休、颜安乐治《公羊传》,尹更始治《穀梁传》。①太学不仅注重古文经学,而且开了经学玄学化的先河。

太学规定了具体的学习内容,有定期的考试制度,并安排了仕进的梯级,采纳了东汉桓帝永寿二年(156)制定的以通经多少来决定官员升迁的考课制度,设“五经课试法”,把学校教育与官员选拔制度统一起来,完全采取了以儒家经典取仕的办法。这对于太学的稳定和儒学的发展,起了一定的积极作用。

正是由于政府及官员的推动,在曹魏时期,尊崇儒学渐成固定的传统。地方儒学教育也纷纷复兴,各地方修庠序;又令鲁郡修葺旧庙,设置百户吏卒守卫,又在其外广设室屋以容纳前来求学的人;并且“以彭璆为方正,邴原为有道,王脩为孝廉。告高密县为郑玄特立一乡,名为郑公乡”(《三国志·卷二·文帝纪》注引《续汉书》)。曹丕的尊孔崇儒举措为曹魏政权的政治方略打下基础。

但是太学后来的发展似乎偏离了曹魏上层集团的初衷。由于曹魏时期战乱频仍,太学生很多是为逃避兵役而来,学业水平较低,高门子弟引以为耻。齐王正始中,大司农卫尉刘靖(? —254)专门上疏谈儒学教化之事,其言曰:“黄初以来,崇立太学,二十余年,而成者盖寡。由博士选轻,诸生避役,高门子弟,耻非其伦,故学者虽有其名,而无其实,虽设其教,而无其功。宜高选博士,取行为人表,经任人师者,掌教国子。依遵古法,使二千石以上子孙,年从十五,皆入太学。明制黜陟,陈荣辱之路。”刘靖指出,自从文帝黄初推崇建立太学,到现在已有十多年,但罕见培养出有成就的人才,其原因在于:一是博士的选送太轻易,二是众儒生是为逃避兵役而来,非真正来求学。刘靖提出解决方案,一是用高标准来选拔博士,通经学能够胜任教师的人来执掌太学,教导儒生;二是官员的子孙,从十

① 王国维:《观堂集林》第一册卷四《汉魏博士考》,中华书局1984年版,第190页。

五岁开始,都进入太学;三是明确制定升降奖惩的学习法规。如此一来,就能够禁绝那些浮华庸俗的不正之风。刘靖的策略虽然很有见地,然而朝廷并没有采纳。

太和元年(227),魏明帝即位,在文帝基础上继续崇儒兴学。魏明帝封高柔为延寿亭候。高柔以为儒学兴废,关乎国运,博士执经,应待以不次之位,如此才能敦崇教化,劝勉学者,改变社会风气(《三国志》卷二十四《高柔传》)。遂上疏明帝,明帝采纳。太和二年(228)六月,魏明帝下诏申敕郡国贡士以经学为先:"尊儒贵学,王教之本也。自顷儒官或非其人,将何以宣明圣道?其高选博士,才任侍中、常侍者。申敕郡国,贡士以儒学为先。"(《三国志·卷三·明帝纪》)并且在太和四年(230)二月戊子,诏太傅、三公,把文帝《典论》刻于石,立之于太学,作为太学生的教育文本之用。

三国时期,不仅魏国重视儒学,发展太学,蜀国、吴国亦是如此。吴黄龙元年(229)孙权称帝,黄龙二年(230)亦"诏立都讲祭酒,以教诸子"(《三国志》之《吴书·孙权传》)。即选派官员担任都讲祭酒,做诸子教师。这也可以看作是东吴的"太学"。吴孙休于永安元年(258)下诏兴学,命置学官并立五经博士,其诏曰:"古者建国,教学为先,所以道世治性,为时养器也。自建兴以来,时事多故,吏民颇以目前趋务,去本就末,不循古道。夫所尚不惇,则伤化败俗。其案古置学官,立五经博士,核取应选,加其宠禄;科见吏之中及将吏子弟有志好者,各令就业。一岁课试,差其品第,加以位赏。使见之者乐其荣,闻之者羡其称。以敦王化,以隆风俗。"(《三国志·吴书·三嗣主传》)东吴承袭了两汉今文经学的发展,推崇儒学。只是当时孙吴政权逐渐没落,所倡振兴儒学之议更是难以推行。

蜀国在刘备统治益州后,也开始重视教育发展。刘备即位后,诸葛亮极为重视儒学教育,设立了太学,命博士传授学业,讲解古文经学与儒家经典,诸葛亮还特别在成都南部修筑"读书台",以聚合诸儒,兼待四方贤士。蜀国太学教育的内容也是儒家经典,重视的是古文经学。

总之,曹魏时期立太学,设五经课试法、置五经博士,在三分鼎立、战乱不息的局势下,制定和施行了一系列切实有效的政策措施来振兴和恢复儒学。曹魏太学把学校教育与文官选拔考试统一起来,不仅成为中国古代官方传授儒家经典的权威机构,同时也是为朝廷培养高级人才的最高学府。虽然因时势紧张，"志学之士，遂复凌迟，而末求浮虚者各竞逐也"①，导致崇儒政策没有得到较好的施行，但是仍然为儒学在中华文明的传承和延续作出了重要的贡献。

---

① 蒙文通著，蒙默编：《蒙文通全集·史学甄微·中国史学史》，巴蜀书社 2015 年版，第 373 页。

太和"浮华案"

太和"浮华案"是指曹魏时期,魏明帝曹叡使用暴力手段整顿浮华之风的政治事件。太和年间,青年才俊们从四面八方云集于京师洛阳,耽于文哲,聚众交流,品评人物,或善名理,或尚玄远。朝中当权的建安老臣将其视为危害社会稳定的非法结社活动,魏明帝更是斥之为"浮华交会"或"浮华朋党",并于太和六年(232)接受司徒董昭建议,强力镇压,参与其中的青年才俊大多被免官罢职,浮华之风被压制。

浮华之风由来已久,早在汉末就曾达到极盛。曹操曾在建安十年(205)指出:"阿党比周,先圣所疾也。闻冀州俗,父子异部,更相毁誉。昔直不疑无兄,世人谓之盗嫂。第五伯鱼三娶孤女,谓之挝妇翁。王凤擅权,谷永比之申伯。王商忠议,张匡谓之左道;此皆以白为黑,欺天罔君者也。吾欲整齐风俗,四者不除,吾以为羞。"①大臣曹馥亦上书请求整顿太学,严选老师与学生,禁止浮华交流。整个曹魏时期,浮华之风屡禁不止,而太和年间的"浮华案"则是影响最大的一次事件。

据史料记载,当时活跃于社会舞台的青年才俊主要有所谓"四聪"、"八达"、"三豫"等团体。"四聪"指议郎田畴、中书郎邓飏、散骑常侍夏侯玄、尚书诸葛诞;"八达"指南阳何晏、邓飏、李胜、沛国丁谧、东平毕轨、夏侯玄、诸葛诞等人。"三豫"指刘熙、孙密、卫烈等人。此外,在太和时期参与谈玄活动的还有荀粲、裴徽、李丰、刘陶、傅嘏、司马师等人。《三国志》多处记载他们聚会谈玄的盛况。这些所谓"浮华之士"大多为世家大族的青年才俊,他们出身于名门世家,基本都有官职,或曹魏政权的新贵。之所以称这些玄谈人物为"浮华之士",一方面是这些人务虚好名,崇玄轻薄,不遵礼法,另一方面是这些人妄议朝政,朋党结社。汉末党锢之祸犹

---

① 陈寿撰,裴松之注:《三国志·卷一·武帝纪》,中华书局1999年版,第19页。

在耳边,这些名士风流整日悠游玄谈,朋党比附,虽然吸引了很多人的目光,却也引起了以魏明帝为首的正统人士的反感,傅嘏起而对浮华之士进行了严厉批评。

据《三国志·傅嘏传》载:"是时何晏以材辩显于贵戚之间,邓飏好变通,合徒党,鬻声名于闾阎,而夏侯玄以贵臣子少有重名,为之宗主,求交于嘏而不纳也。嘏友人荀粲,有清识远心,然犹怪之。谓嘏曰:'夏侯泰初一时之杰,虚心交子,合则好成,不合则怨至。二贤不睦,非国之利,此蔺相如所以下廉颇也。'嘏答之曰:'泰初志大其量,能合虚声而无实才。何平叔言远而情近,好辩而无诚,所谓利口覆邦国之人也。邓玄茂有为而无终,外要名利,内无关钥,贵同恶异,多言而妒前;多言多衅,妒前无亲。以吾观此三人者,皆败德也。远之犹恐祸及,况昵之乎?'"①何晏、夏侯玄虽盛名于时,傅嘏却游离于此集团之外,不愿与之交往,并严厉批判了夏侯玄、何晏、邓飏等浮虚之士的恶劣影响。

又据《三国志》载,太和初,玄学人物荀粲到京邑与傅嘏谈,"嘏善名理而粲尚玄远,宗致虽同,仓卒时或有格而不相得意。裴徽通彼我之怀,为二家骑驿,顷之,粲与嘏善。夏侯玄亦亲。常谓嘏、玄曰:'子等在世涂间,功名必胜我,但识劣我耳!'嘏难曰:'能盛功名者,识也。天下孰有本不足而末有余者邪?'粲曰:'功名者,志局之所奖也。然则志局自一物耳,固非识之所独济也。我以能使子等为贵,然未必齐子等所为也。'"②荀粲与傅嘏意见相左,裴徽与荀粲一起讨论,并为二者调和,说:"释二家之义,通彼我之怀,常使两情皆得,彼我俱畅。"(《世说新语·文学第四》)使荀粲与傅嘏观点趋同。

魏明帝治国思想为儒家"德治",注重以传统儒家名教思想维护政权稳定,反对虚浮风气。早在太和三年(229),魏明帝下诏《议追崇处士君号谥诏》曰:"尊严祖考,所以崇孝表行也。追本敬始,所以笃教流化也。是以成汤文武,实造商周,《书》《诗》之义,追尊稷契,歌颂有娀姜嫄之事,明

---

① 陈寿撰,裴松之注:《三国志·卷二十一·傅嘏传》注引《傅子》,中华书局1999年版,第465页。

② 陈寿撰,裴松之注:《三国志·卷十·荀彧传》注引何劭《荀粲传》,中华书局1999年版,第240页。

盛德之源流,受命所由兴也。"①太和四年(230)春二月壬午,魏明帝下诏对浮华之士表达自己的不满:"世之质文,随教而变。兵乱以来,经学废绝,后生进趣,不由典谟。岂训导未洽,将进用者不以德显乎?其郎吏学通一经,才任牧民,博士课试,擢其高第者,亟用;其浮华不务道本者,皆罢退之。"②建安老臣们更是忧心忡忡,董昭上书魏明帝:"凡有天下者,莫不贵尚敦朴忠信之士,深疾虚伪不真之人者,以其毁教乱治,败俗伤化也。近魏讽则伏诛建安之末,曹伟则斩戮黄初之始。伏惟前后圣诏,深疾浮伪,欲以破散邪党,常用切齿;而执法之吏皆畏其权势,莫能纠摘,毁坏风俗,侵欲滋甚。窃见当今年少,不复以学问为本,专更以交游为业;国士不以孝悌清修为首,乃以趋势游利为先。合党连群,互相褒叹,以毁訾为罚戮,用党誉为爵赏,附己者则叹之盈言,不附者则为作瑕衅。至乃相谓:'今世何忧不度邪,但求人道不勤,罗之不博耳;又何患其不知己矣,但当吞之以药而柔调耳。'又闻或有使奴客名作在职家人,冒之出入,往来禁奥,交通书疏,有所探问。凡此诸事,皆法之所不取,刑之所不赦,虽讽、伟之罪,无以加也。"③董昭上书说明浮华的弊端,希望整顿此风,明帝本有此意,于是借强化儒学经学的方式来遏制这股虚浮之风,未果。

太和六年,魏明帝采取断然措施镇压浮华现象,于是"南阳何晏、邓飏、李胜、沛国丁谧、东平毕轨咸有声名,进趣于时,明帝以其浮华,皆抑黜之"④。史料多处记载此事,如《曹爽传》注引《魏略》:"胜少游京师,雅有才智,与曹爽善。明帝禁浮华,而人白胜堂有四聪、八达,各有主名,用是被收。以其所连引者多,故得原,禁锢数岁。"又"初,飏与李胜等为浮华友,及在中书,浮华事发,被斥出,遂不复用"。《三国志·诸葛诞传》载:"与夏侯玄、邓飏等相善,收名朝廷,京都翕然。言事者以诞、飏等修浮华,合虚誉,渐不可长。明帝恶之,免诞官。"又见《三国志·诸葛诞传》注引《世语》:"是时,当世俊士散骑常侍夏侯玄、尚书诸葛诞、邓飏之徒,共相题表,以玄、畴四人为四聪,诞、备八人为八达,中书监刘放子熙,孙资子密,吏部尚书卫臻子烈三人,咸不及此,以父居势位,容之为三豫,凡十五人,

---

① 严可均:《全三国文·卷九》,商务印书馆 1999 年版,第 90 页。

② 陈寿撰,裴松之注:《三国志·卷三·明帝纪》,中华书局 1999 年版,第 73 页。

③ 陈寿撰,裴松之注:《三国志·卷十四·董昭传》,中华书局 1999 年版,第 333 页。

④ 陈寿撰,裴松之注:《三国志·卷九·曹爽传》,中华书局 1999 年版,第 212 页。

帝以构长浮华,皆免官废锢。"明帝罢免了包括四通八达三预之称的夏侯玄、诸葛诞、邓飏、何晏、李胜、丁谧、毕轨、刘熙、孙密、卫烈等十五人。魏明帝本希望彻底查办相关人员,但由于该案涉及到的人物大多出身豪门贵族,明帝也有所忌惮,于是仅下诏斥免诸葛诞、邓飏、李胜等,邓飏"及在中书,浮华事发,被斥出,遂不复用"①。李胜因此案被"禁锢数岁。帝崩,曹爽辅政,胜为洛阳令"②。

经过魏明帝的打压,再加之后的高平陵政变和李丰张缉案,大部分浮华之士相继被清洗灭族,傅嘏站到司马师一队去了,诸葛诞则试图举兵谋反。

浮华案结束了,但其影响并未消除。青龙四年(236)卢毓任吏部尚书时,向曹叡建议应建立考试制度选拔人才。"前此诸葛诞、邓飏等驰名誉,有四聪八达之诮,帝疾之。时举中书郎,诏曰:'得其人与否,在卢生耳,选举莫取其名,名如画地作饼,不可啖也。'"(《三国志·卢毓传》)于是曹叡命刘邵起草《考课法》以遏制浮华之风的重兴。可惜魏明帝死后不久,浮华之风再次兴起,为魏晋玄学思潮之滥觞。王晓毅评之曰:"太和浮华之风实质上是魏晋玄学思潮的萌动,尽管这时它还很不成熟。"③浮华之风成为此后魏晋玄学思潮的序曲。

---

① 陈寿撰,裴松之注:《三国志·卷九·曹爽传》注引《魏略》,中华书局 1999 年版,第 216 页。
② 陈寿撰,裴松之注:《三国志·卷九·曹爽传》注引《魏略》,中华书局 1999 年版,第 217 页。
③ 王晓毅:《论曹魏太和"浮华案"》,《史学月刊》1996 年第 2 期。

正始石经

　　石经是指中国古代刻于石碑、摩崖上的典籍。正始石经指三国魏时期，齐王曹芳于正始二年（241）[1]刊刻的石经。后人据其刊立于正始年间，故称《正始石经》。因碑文每字皆用古文、小篆和汉隶三种字体写刻，故又名"三体石经"或"三字石经"[2]。正始石经完成后，立于魏都洛阳南郊太学讲堂西侧，汉石经的西面。

　　中国官方刊刻的第一部儒家典籍是东汉熹平四年（175）的《熹平石经》，也称《一字石经》。郦道元《水经注·谷水注》载："汉灵帝光和六年，刻石镂碑，载五经立于太学讲堂，悉在东侧，今碑上悉铭刻蔡邕等名。魏正始中，又立古、篆、隶三字石经，树之于堂西。"魏正始石经则是官方刊刻的第二部石经[3]，习惯上将东汉熹平石经与曹魏所刻正始石经总称为"汉魏石经"。

　　正始石经的刊刻与太学教育的兴盛直接相关。曹魏立国以后，大力恢复与发展儒学。建安初，曹操重视地方办学，"使郡县立教学之官"。魏文帝曹丕即位，"兴复辟雍，州立课试"（《魏书·高柔传》）。黄初元年（220），曹丕在洛阳立太学。《三国志》载："从初平之初，至建安末，天下分崩，人怀苟且，纲纪既衰，儒道尤甚。至黄初元年新主乃复，始扫除太学之灰炭，补石碑之缺坏，备博士之员录，依汉甲乙考课。申告州郡，有欲学

---

① 1957 年在西安出土的魏石经残石上有"始二年三"字样，由此学界将正始石经刊刻的时间定为正始二年（241），详见刘安国：《西安市出土的"正始三体石经"残石》，《人文杂志》1957 年 3 期，第 67—68、95、96 页。

② 刘涛认为，曹魏时期，兼通儒学的书法家对古文的重视甚于小篆，所以三体中首列古文。详见刘涛：《中国书法史·魏晋南北朝卷》，江苏教育出版社 2007 版，第 20—22 页。

③ 曾宪通：《三体石经古文与〈说文〉古文合证》，载中国古文字研究会、四川大学历史系古文字研究室编《古文字研究（第 7 辑）》，中华书局 1982 年版，第 278—279 页。

者,皆遣诣太常。太学始开。"①由此太学得以恢复,以经学为主要课程。当时古文经学地位上升,并出现了治经学者必须兼通今古的趋势,今文经学日趋衰落。曹芳继承皇位后,同样重视古文经学之发展,为达成"台省有宗庙太府金墉故事,太学有石经古文先儒典训"(《晋书》卷七十五)的局面,决心整理《熹平石经》碑石,并刻经石作为补充。从正始二年(241)开始刻制《正始石经》,历经数年方成。碑文刻成后,与熹平石经并立于洛阳太学讲堂的东西两侧。《魏书·列传术艺》载:"又建《三字石经》于汉碑之西,其文蔚炳,三体复宣。校之《说文》,篆隶大同,而古字少异。"此后,每天至石经处去学习、拓印者上千人,由此大力弘扬了儒学经学。《魏书·游明根刘芳》有载:"昔汉世造三字石经于太学,学者文字不正,多往质焉。"

《正始石经》的书写者,据学者考证,有卫觊、邯郸淳、嵇康诸说,还有张揖说韦诞说等。嵇康说的依据是《晋书·赵至传》云:"赵至字景真,代郡人也,寓居洛阳……年十四,诣洛阳,游太学,遇嵇康于学写石经,徘徊视之不能去。"但我们在《后汉书》述《熹平石经》"及碑始立,其观视及摹写者"和《晋书》说石季龙"遣国子博士诣洛阳写石经"中看到,他们可能是摹写,不一定为刻石者。邯郸淳说的依据是北齐魏收《魏书》载江式延昌三年(514)上表云:"陈留邯郸淳亦与(张)揖同时,博古开艺,特善《仓》、《雅》,许氏字指,八体六书精究闲理,有名于揖,以书教诸皇子。又建《三字石经》于汉碑之西,其文蔚炳,三体复宣。校之《说文》,篆、隶大同,而古字少异。"唐人李延寿《北史》所载略同。卫觊说的依据是唐房玄龄等撰《晋书》引晋人卫恒的《四体书势》云:"魏初传古文者,出于邯郸淳。恒祖敬侯(卫觊)写淳《尚书》,后以示淳,而淳不别。至正始中,立《三字石经》,转失淳法,因科斗之名,遂效其形。"但《三国志》等历史文献中,都没有找到有力证据证明是他们所写。且由于《三体石经》原碑损毁严重,自宋以来出土残石均未见有书人姓名。故如果没有新的考古资料出现,我们现在尚无法对此作出明确判断。②

魏石经刊刻的内容为三部经典:阳面为《尚书》,阴面为《春秋》和《左

① 陈寿撰,裴松之注:《三国志·卷十三·王肃传》附《魏略》,中华书局 1999 年版,第 316 页。
② 可参考范邦瑾:《魏三体石经书人略论》,《书法研究》1987 第 4 期,第 55—61 页。

氏传》。其他如《易》、《毛诗》、《礼记》、《穀梁》等，皆未刻制。且其刻制经典当为古文经，如《尚书》应为马融、郑玄所传的二十九篇古文，《春秋》应为《汉书·艺文志》所著录的十二篇本《春秋石经》。王国维则认为魏石经刊刻没有《左传》，他在《魏石经考》中云："隋以前记载，不及《左传》，核之石数，不能容三经，疑当时所刊《左传》，实未得全书十之二、三。《隶续》所录《左传》文，乃桓公末年事。"

关于魏石经的石数，《太平御览》卷五百八十九《文部五》引东晋颜延之《西征记》曰："国子堂前有列碑，南北行，三十五枚。刻之表里，书《春秋经》、《尚书》二部，大篆、隶、科斗三种字，碑长八尺。……太学堂前石碑四十枚，亦表里隶书《尚书》《周易》《公羊传》《礼记》四部。"又北魏郦道元《水经注·谷水注》曰48碑，《洛阳伽蓝记》卷三《城南》"报德寺"则为25碑，云："里开阳门御道东有汉国子学堂。堂前有《三种字石经》二十五碑，表里刻之。写《春秋》《尚书》二部，作篆、科斗、隶三种字。"无论碑数多少，都不足以容纳《尚书》、《春秋》《左传》三书字数，故史料所载石碑数量，必定少于原数。由于石碑经历代风雨侵蚀加人为破坏，从宋代至今所见残石上的字数，仅约得三千字以上，其中古文约一千字以上。1980年，汉语古文字学家曾宪通对这一千多个古文进行考证、整理，得单字四百四十文，并且认为，正始石经应该共有约28碑[①]。

正始石经自刊刻完成延续至今，历经磨难。西晋永嘉五年（311），刘曜大军攻入洛阳，正始石经损毁严重，此事见于《水经注·谷水》："晋永嘉中，王弥、刘曜入洛，焚二学。"后经北方五胡乱华，再加之风吹日晒，腐蚀严重，东晋时已经四存二败。《西征记》载："国子堂前有列碑，……今有十八枚存，余皆崩。太学堂前，石碑四十枚，……本石塘相连，多崩败。……有魏文帝《典论》六碑，今四存二败。"至北魏时期，据《魏书·冯熙传》所载："洛阳虽经破乱，而旧三字石经宛然犹在，至熙与常伯相继为州，废毁分用，大至颓落，所存者委于榛莽，道俗随意取之。"北魏初冯熙、常伯夫先后任洛州刺史，因建造寺庙需要，竟然用正始石经的石材作为建材，造成大部分碑文散落。北魏迁都洛阳以后，重视文治教化，孝明帝神龟元年

① 曾宪通：《三体石经古文与〈说文〉古文合证》，载中国古文字研究会、四川大学历史系古文字研究室编《古文字研究（第7辑）》，中华书局1982年版，第278—279页。

(518)，国子祭酒崔光命国子博士李郁等修葺残留石碑，但因刘腾作乱而未有成果。东魏至隋末，石经彻底毁坏，竟无一完碑存世。东魏建都邺城，魏孝静帝武定四年(546)命移正始石经至邺都，"自洛阳徙汉魏石经于邺都，行至河阳，值岸崩，遂没于水。其得至邺者，不盈太半"①。邺都即今河北临漳，河阳即今河南孟县，运石经至孟州市境内时，遭遇塌堤，近半石经掉入黄河。运到邺城时，《汉魏石经》只剩下52块了。北周战胜北齐，周宣帝大象元年(579)二月，北周统治者又将象征王朝正统的石经残石从邺城迁回洛阳，"移相州六府于洛阳，称东京六府……诏徙邺城石经于洛阳"②。隋开皇六年(586)，石经又自洛阳移入长安，刘焯、刘炫奉敕考定《石经》，立于国学，未果，后置于秘书内省。隋末之乱中，经石竟然被改制成房屋"柱础"。《隋书·经籍志》著录《三字石经尚书》九卷、《三字石经尚书》五卷、《三字石经春秋》三卷，新旧《唐书》著录《三字石经尚书古篆》三卷、《三字石经左传古篆本》十二卷，则隋唐时期石经尚存十余卷。唐朝贞观(627—649)初年，魏徵收集石经时，仅存十数段，置于九成宫秘书监。武则天时期，又将残余石经移至洛阳。唐安史、黄巢之乱后，魏石经零落殆尽。自宋至清，魏石经完碑已荡然无存，仅有残石、古拓本及宋人的摹本。清末以来陆续出土了一些残石，目前国内所有《正始石经》残碑存留的文字也不过2500余字。③

魏正始石经与东汉熹平石经、唐开成石经并称为三大石经，在经学研究史上占据重要地位。它在一定程度上以国家法定经文的方式统一了全国传抄本经文，起到了宣扬儒家教化的功能，也为今天的研究学者提供了重要的文献资料，尽管正始石经毁坏严重，残碑、残字存世甚少，但是在文献学、校勘学及经学史上仍然具有重要意义。

---

① 《隋书·卷七十五·刘焯传》："六年，运洛阳《石经》至京师，文字磨灭，莫能知者，奉敕与刘炫等考定，后因国子释奠，与炫二人论义，深挫诸儒，咸怀妒恨，遂为飞章所谤，除名为民"。《隋书·经籍志》言此《石经》自邺京载入长安，二者说法相异。又《四库全书考证》："石经尚书残碑跋北齐徙于邺都，隋复载入长安，案(《魏书》、《孝静帝纪》、《北齐书·文宣帝纪》、《周书·宣帝纪》、《洛阳伽蓝记》、《隋书·刘焯传》)，东魏武定四年移洛阳，汉魏石经于邺，周大象元年复徙洛阳，至隋开皇六年乃自洛阳运至长安。此云自邺载入长安者，承《隋书·经籍志》之误也，又案石经自洛阳徙邺乃澄执政时事，《隋志》云神武亦误。"今从《隋书·刘焯传》。

② 令狐德棻：《周书》，中华书局1999年版，第82页。

③ 李林娜：《曹魏正始石经概述》，《碑林集刊(三)》1995年版。

　　魏石经残石,历史上有四次考古发现:第一次是1895年(清光绪二十一年)于洛阳城东20里出土的一块《尚书·君奭》篇残石,有表刻而无背刻,存11行,共110字,古文占36字,初归丁树祯,后归周进,今藏故宫博物院。第二次是1922年12月于洛阳城东南(《洛阳伽蓝记》所记汉魏太学故址处)再次出土《尚书·君奭》、《尚书·无逸》和《春秋·僖公》、《文公》残石,其中《君奭》篇正好与1895年出土《尚书·君奭》相衔接。共1771字,古文约580字;后又出土《尚书·多士》和《春秋·僖公》残石,共229字,古文约76字。此次出土魏石经数量最多,现存于中国历史博物馆和河南省博物馆①。第三次是1945年,西安市许士庙街(唐时为中书内省旧址)出土了一块《尚书·康诰》残石,共35字,古文11字,现藏广州西汉南越王博物馆。第四次是1957年西安出土的《尚书·梓材》篇残石,共33字,古文8字;背刻《春秋·文公》元年、二年经文,共50字,古文15字。②

---

① 张彦生《善本碑帖录》引孙贯文编北京大学藏《碑拓草目》。
② 以上出土资料可参见曾宪通《三体石经古文与〈说文〉古文合证》,《古文字研究》1982年第7期。又见王慧:《魏石经古文集释》,安徽大学硕士学位论文,2004年,第3—4页。

《皇览》

  《皇览》是三国魏时期魏文帝曹丕于黄初中敕令桓范、刘劭、王象、韦诞、缪袭诸儒编纂的一部大型官修类书,以供皇帝阅读,故名"皇览"。

  《皇览》的编纂是官方发动的,据《三国志·卷二·文帝纪》载:"初,帝好文学,以著述为务,自所勒成垂百篇。又使诸儒撰集经传,随类相从,凡千余篇,号曰《皇览》。"又见《唐六典》卷十《秘书省》载:"文帝黄初中,分秘书立中书,因置监、令,乃以散骑常侍王象领秘书监,撰《皇览》。"《皇览》的编纂时间当从延康元年(220)始,至黄初三年(223)成。《三国志·王象传》载:"象从延康元年始撰集,数岁成,藏于秘府。"

  《皇览》的编撰者众多,据《文帝纪》所载,有桓范、刘劭、王象、韦诞、缪袭等人。记载王象参与编撰的资料有《三国志·卷二三·杨俊传》裴松之注引《魏略》曰:"王象字羲伯……魏有天下,拜象散骑侍郎,迁为常侍,封列侯。受诏撰《皇览》,使象领秘书监。象从延康元年始撰集,数岁成,藏于秘府,合四十余部,部有数十篇,通合八百余万字。"又《唐六典》卷十《秘书省》亦载:"文帝黄初中,分秘书立中书,因置监、令,乃以散骑常侍王象领秘书监,撰《皇览》。"可见王象应为主修。刘劭参与编撰的记载有《三国志·卷二一·刘劭传》载:"刘劭字孔才,广平邯郸人也……黄初中,为尚书郎、散骑侍郎。受诏集五经群书,以类相从,作《皇览》。"又有桓范,《三国志·卷九·桓范传》裴松之注引《魏略》载:"桓范字元则,世为冠族。建安末,入丞相府。延康中,为羽林左监。以有文学,与王象等典集《皇览》。"又有缪袭,《史记·卷一·五帝本纪》司马贞《索隐》载:"《皇览》,书名也。记先代冢墓之处,宜皇王之省览,故曰《皇览》。是魏人王象、缪袭等所撰也。"又《隋书·卷三四·经籍三》载:"《皇览》一百二十卷,缪袭等撰。"孙冯翼辑本《皇览序》亦云:"魏代诸臣撰集《皇览》,据《魏志》言:乃刘劭、王象奉敕作。《史记索引》则云:王象、缪袭等。《隋书·经籍志》复称缪袭为缪卜,《唐志》不载,窃疑袭、卜本一人,而名字互见,然袭于史无专传,不可考矣(马国翰辑录有'缪协'《论语缪氏说》一卷,疑为缪卜所误)。《玉海》艺文门备引《隋书·志》,而又有韦诞撰《皇览》之说,未知本于何书。"又有韦诞,《太平御览》卷六百一《文部十七·著书上》引《三国典略》载:"齐主如晋阳,尚书右仆射祖珽等上言,昔魏文帝命韦诞诸人撰著《皇览》,包括群言,区分义别。"由以上记载可知,《皇览》的编纂者应该还有其他人,但是由于史料散佚,暂时无法考察清楚。

《皇览》的内容兼容并包,收纳了当时魏之秘书监所藏绝大部分图书,也就是包括了后来的经史子集四部之书。《文帝纪》言"撰集经传"。《刘规传》言:"受诏集五经群书。"这里都提到了"经",故儒家经典是必不可缺的。诸儒通过这一项重大的国家工程,对两汉以来典籍进行了重新整理,对暂时中断的儒家道统进行接续。

对于《皇览》卷帙,据《魏略》著录,共四十余部,每部数十篇,共八百多万余字。《文帝纪》言"凡千余篇",而《王象传》言:"合四十余部,部有数十篇,通合八百余万字",这个数量是相当可观的。姚振宗认为:"《皇览》必有部目。《魏略》称四十余部,其总要也。部分数十篇,凡千余篇则其子目。荀氏取其门类部分编入《新簿》之丙,曰《皇览簿》,盖即魏之旧名。《隋志·杂家》:梁有《皇览目》四卷,则又从残佚之余钞合其目也。"至隋代尚存一百二十卷。何承天撰《合皇览》一百二十卷与徐爰《合皇览》八十四卷,又梁代肖琛钞成《皇览钞》二十卷,至当代全部亡佚。宋代仅存两家抄本,清代学者对《皇览》作了大量辑佚工作,如孙冯翼辑得一卷,仅存冢墓记等八十余条,不及四千字,收入《问经堂丛书》,黄奭辑得一卷,收在《汉学堂丛书》,王谟辑得《皇览逸礼》一卷,收入《汉魏遗书钞》本。

现在我们看到的只是《皇览》辑佚本,其中很多内容是通过被其他著作引用而流传下来的。东晋南朝宋裴松之(372—451)注《三国志》多处引用《皇览》内容。如《三国志》卷十九《魏书·陈思王曹植传》载:"《典略》曰:昔田巴毁五帝,罪三王,訾五伯于稷下,一旦而服千人,鲁连一说,使终身杜口。刘生之辩未若田氏,今之仲连求之不难,可无叹息乎!人各有所好尚。……岂可同哉!"裴松之注:"案《吕氏春秋》曰:'人有臭者,其兄弟妻子皆莫能与居,其人自苦而居海上。海上人有悦其臭者,昼夜随之而不能去。'此植所云'逐臭之夫'也。田巴事出《鲁连子》,亦见《皇览》,文多故不载。"《皇览》原书在隋唐后已失传。南北朝时期何承天、徐爱、萧琛有抄合本。清代王谟、孙冯翼、黄奭等有辑本流传下来。孙冯翼辑得《皇览》一卷,其中有《逸礼》、《冢墓记》二篇,亦有《记阴谋》似另一篇目。其言:"今缉《逸篇》,虽不审昔人所引,是否缪著,抑系何、徐合并,第其分篇,可见者则有《逸礼》及《冢墓记》二篇。刘劭《续汉·祭祀志》补注,载《逸礼》春夏秋冬天子迎四节之乐,刊本误以逸为迎,证以"《艺文类聚》、《北堂书钞·岁时部》、《太平御览·礼仪部》引语相符,并题《皇览逸礼》,知《逸礼》确为篇名"。

《皇览》记载了一些早已佚失的文章。王应麟《困学纪闻》卷十《诸子》载:"《皇览·记阴谋》黄帝《金人器铭》:武王问尚父曰:'五帝之诫,可得闻乎?'尚父曰:'黄帝之诫曰:吾之居民上也,摇摇恐夕不全朝。故为金人,三封其口,曰:古之慎言。'按《汉书·艺文志》道家,有《黄帝铭》六篇。蔡邕《铭论》:黄帝有《巾机》之法。《皇览》撰集于魏文帝时,汉《七略》之书犹存。《金人铭》,盖六篇之一也。"

魏晋时期,玄风高唱,造成《皇览》在成书后的很长一段时间里,并未受到足够重视,其价值也没有得到较大发挥。直到南朝齐梁时代,它的重要意义才被认识,于是有了新编《皇览》之行动。如南朝宋高帝于建元四年(482年)诏东观学士撰《史林》三十篇,又南朝齐萧子良于永明五年集学士抄《五经》、百家,作《四部要略》千卷,又梁简文帝在雍州时撰《法宝联璧》,以及后世《艺文类聚》、《永乐大典》等类书,都是比之于《皇览》。

王应麟《玉海》卷五十四《艺文·承诏撰述》载:"类事之书,始于《皇览》。建云台者非一枝,成珍裘者非一腋,言集之者众也。"在王应麟看来,《皇览》开辟了后世类书编纂的新模式,是类书之始,在中国类书发展史上具有极为重要的意义。《四库全书总目》卷一二三《古今说海》提要载:"考割裂古书,分隶门目者,始魏缪袭、王象之《皇览》。"《四库全书总目》卷一三五类书小序中载:"类事之书,兼收四部,而非经、非史、非子、非集,四部之内,乃无类可归。《皇览》始于魏文,晋荀勖《中经部》分隶何门,今无所考。《隋志》载入子部,当有所受之。历代相承,莫之或易。明胡应麟作《笔丛》,始议改入集部。然无所取义,徒事纷更,则不如仍旧贯矣。"四库馆臣指出,《皇览》乃类书之鼻祖。清人孙冯翼在其《皇览序》中曰:"其书采集经传,以类相从,实为类书之权舆。"近代语言学家张涤华在《类书流别》中曰:"考类书莫古于《皇览》,其书凡分四十余部,可谓周详;惟其名目,今已不可详知,末由判其得失。"《皇览》在曹魏时代,是被视为一部类书,而荀勖编纂的《中经新簿》则将《皇览》放在了史部。

今日可考的《皇览》辑本有四种,刘全波《〈皇览〉编纂考》对之进行了详细分析,可作参考:"第一种,是嘉庆三年(1798)王谟辑《皇览逸礼》一篇,收入《汉魏遗书钞》中。1970年,收入《丛书集成续编》,台湾艺文印书馆影印原刻影印。第二种,嘉庆七年(1802)孙冯翼辑《皇览》一卷,收入《问经堂丛书》中。1937年,王云五将之收入《丛书集成初编》,由商务印书馆发行,编号0172。1985年,中华书局出版《丛书集成初编》,将之收入其中,编号0173。2002年,上海古籍出版社将之收入《续修四库全书》。第三种,道光年间黄奭辑《魏皇览》一卷,收入《黄氏逸书考·子史钩沈》。第四种,新美宽编、铃木隆一补《本邦残存典籍による辑佚资料集成(续)》子部第七《杂家类》载缪卜等撰《皇览》。"①

---

① 刘全波:《〈皇览〉编纂考》,《中国典籍与文化》2014年第1期。

荀粲论言不尽意

据《三国志》卷十《荀彧传》裴松之注引何劭《荀粲传》载：粲诸兄并以儒术论议，而粲独好言道，常以为子贡称夫子之言性与天道不可得闻，然则六籍虽存，固圣人之糠秕。粲兄俣难曰："《易》亦云圣人立象以尽意，系辞焉以尽言，则微言胡为不可得而闻见哉?"粲答曰："盖理之微者，非物象之所举也。今称立象以尽意，此非通于意外者也。系辞焉以尽言，此非言乎系表者也；斯则象外之意，系表之言，固蕴而不出矣。"及当时能言者不能屈也。此事又载于《三国志》卷二一《魏书·傅嘏传》引《傅子》。

荀粲的兄长们都是儒家学说的拥护者，而荀粲独好言道。荀粲认为，微妙的道理并不是卦象所能表达的。象外之意，辞外之言，实际上都蕴藏在圣人的心里而没有表现出来。而经典文字所传达的言论也非圣人之言的全部，仅只是圣人之言的一部分，至于圣人的精微之意和深妙之言，根本就不是卦象符号和经典文字所能表达的。"性与天道"是超越语言的形上之道，而经学执着于经典的文本语言，因此说"言不尽意"。荀粲言不尽意说强调的是，卦象符号表达意义的功能和经典文字传达语言的功能是非常有限的，这种言不尽意说就是他把儒家经典视为糠秕的理论根据。

荀粲虽言谈深阔，折服时人，但是他明显表现出对儒家经典的蔑视态度。因为他的逻辑中存在一个问题，就是如果不能通过语言文字来把握"性与天道"，那么我们通过什么方式了解"性与天道"呢？荀粲之兄荀俣即提出疑问。在荀俣看来，既然《易传》里说圣人用卦象表达自己的意思、用卦辞表达自己的话语，那么圣人的微言大意可以通过经典文字来把握，即"立象尽意"、"系辞尽言"。

王弼与何晏论《易》

据《世说新语·文学》载：何晏为吏部尚书，有位望。时谈客盈坐，王弼未弱冠，往见之。晏闻弼名，因条向者胜理语弼曰："此理仆以为理极，可得复难不？"弼便作难，一坐人便以为屈；于是弼自为客主数番，皆一坐所不及。

何晏任职吏部尚书时，有很好的声望，谈客众多。王弼当时尚未二十岁，也来见何晏，何晏便列举出以往谈论中取胜的理论，认为这是理之极者，不能再反驳，而王弼则逐条反驳，满座皆惊，王弼所论者，在座之人无法企及。

王弼论《易》，其中很重要的一个观点是言意之辨。在其著《周易略例》中，王弼先是对《周易》进行了深入分析，指出《系辞》中言、象、意三者的关系问题。他对"圣人立象以尽意"作了如下解释："夫象者，出意者也，言者，明象者也。尽意莫若象，尽象莫若言。言生于象，故可寻言以观象；象生于意，故可寻象以观意。意以象尽，象以言著。"（《周易略例·明象》）王弼认为，卦爻辞既然是说明卦爻象的，则可以"寻言以观象"，得象即可忘言。既然圣人立象以尽意，则可以"寻象以观意"，得意即可忘象。"故言者所以明象，得象而忘言。象者所以存意，得意而忘象。……是故存言者，非得象者也。存象者，非得意者也。"（《周易略例·明象》）也就是说，物象是用来显现意的，语言是用来描摹物象的，语言达而物象明，物象明而义理显，义理显而语言、物象便可两忘。这就好比蹄是用来捉兔的，捉到了兔子就可以忘掉蹄，筌是用来捕鱼的，捕到了鱼儿就可以抛开筌。语言与卦象就好像是蹄和筌。因此，如果停留在语言上面，那就没有把握卦象，固执于卦象上面，那就没有理解意义；忘掉卦象才是把握了意义，抛开语言才是理解了卦象。

海德格尔说："语言是存在的家。"语言作为主体把握存在的形式，不仅是儒家经学发展的立足点,同时也是整个中国哲学发展的立足点。王弼试图从语言与物象的关系入手,去探求其背后隐藏的深层问题。在言意问题的争论史上,王弼的观点具有特殊重要的地位。

正始之音

正始之音是指三国魏正始年间(240—249),以何晏、王弼、夏侯玄等为代表的名士们以老庄思想糅合儒家经义,聚会玄谈而形成并逐渐兴盛起来的玄学思潮,也称为"正始玄学"。

"正始之音"形成的时代背景,是曹魏时期政局混乱,曹芳、曹髦等皇帝年幼无能,司马懿父子掌握朝政,废曹芳、杀曹髦,大肆诛杀异己。由于社会环境极为恶劣,名士们身处险境,危机四伏,动辄得咎。他们无力对黑暗的政治现状发表意见,于是不得不避开现实,观察玄远,醉心哲学,故正始之音表现出浓厚的哲理色彩。

"正始之音"的代表人物有夏侯玄、何晏、王弼、阮籍、嵇康等,他们大多出自礼教家庭,早年研习儒书,后崇尚自然,所以思想上儒道兼综。如王弼与何晏谈论的主题即是有无问题、性情问题。何晏在《无名论》中,虽推崇无名,但是也不废有名,且认为名教本于自然。

南朝宋刘义庆《世说新语·文学》篇记载了当时辩名析理的激烈场面:"殷中军为庾公长史,下都,王丞相为之集。桓公、王长史、王蓝田、谢镇西并在。丞相自起解帐带麈尾,语殷曰:'身今日当与君共谈析理。'既共清言,遂达三更。丞相与殷共相往反,其余诸贤略无所关。既彼我相尽,丞相乃叹曰:'向来语,乃竟未知理源所归。至于辞喻不相负,正始之音,正当尔耳。'明旦,桓宣武语人曰:'昨夜听殷、王清言甚佳,仁祖亦不寂寞,我亦时复造心。顾看两王掾,辄翕如生母狗馨。'"辩手们非常注重语言修辞,"辞喻不相负"。他们往往围绕特定的内容、方式在双方之间展开论辩,且遵循一定的程序,争辩双方往往不拘泥于年龄辈分的差异。《世说新语·赏誉》又记载:"王敦为大将军,镇豫章。卫玠避乱,从洛投敦。相见欣然,谈话弥日。于时谢鲲为长史,敦谓鲲曰:'不意永嘉之中,复闻正始之音。阿平若在,当复绝倒。'"辩证过程相当精彩,一方表达自己对主题的理解,另一方进行辩难,同时提出自己的观点,这种正始玄谈真正是令人绝倒。西晋王敦评价名士卫玠时曰:"昔王辅嗣(弼)吐金声于中朝,此子(卫玠)今复玉振于江表,微言之绪,绝而复续,不意永嘉之末,复闻正始之音。"(《晋书·卫玠传》)在当时恶劣的社会环境下,玄谈名士们最终的归宿是悲剧的人生。何晏、夏侯玄、嵇康等人被杀,阮籍则混迹于江湖,以酣饮和故作旷达来逃避现实。

顾炎武《日知录》对"正始之音"进行了全面客观的评价,其中卷十三《正始》条曰:"魏明帝殂,少帝即位,改元正始,凡九年。其十年,则太傅司马懿杀大将军曹爽,而魏之大权移矣。三国鼎立,至此垂三十年,一时名士风流盛于洛下。乃其弃经典而尚老庄,蔑礼法而崇放达,视其主之颠危如路人然,即此诸贤为之倡也。自此以后,竞相祖述。如《晋书》言王敦见卫玠,谓长史谢鲲曰:'不意永嘉之末,复闻正始之音。'沙门支遁以清谈著名于时,莫不崇敬,以为造微之功足参诸正始。《宋书》言羊玄保二子,太祖赐名曰咸、曰粲,谓玄保曰:'欲令卿二子有林下正始余风。'王微《与何偃书》曰:'卿少陶玄风,淹雅修畅,自是正始中人。'《南齐书》言袁粲言于帝曰:'臣观张绪有正始遗风。'《南史》言何尚之谓王球:'正始之风尚在。'其为后人企慕如此。然而《晋书·儒林传序》云:'摈阙里之典经,习正始之余论,指礼法为流俗,目纵诞以清高。'此则虚名虽被于时流,笃论未忘乎学者。是以讲明六艺,郑、王为集汉之终;演说老庄,王、何为开晋之始。以至国亡于上,教沦于下,羌胡互僭,君臣屡易,非林下诸贤之咎而谁咎哉!"此处顾炎武既称正始之音,又称"正始之风"、"正始余风"、"正始遗风",并指出其特点是崇尚清谈,其结果则是弃经典而尚老庄,蔑礼法而崇放达。

"正始之音"作为一种时代精神与文化现象,不仅体现了当时人们的思想动向,而且开启了魏晋儒道融合的玄学之风。它既是对汉代经学的反动,也是此后宋明理学的思想源头之一,在中国古代思想史上居于承上启下的重要地位。

王弼论孔老有无

正始四年，王弼未弱冠，见到裴徽。当时裴徽为吏部郎，问王弼："夫无者诚万物之所资也，然圣人莫肯致言，而老子申之无已者何？"(《三国志·魏书·锺会传》注引《王弼传》。事又见南朝宋刘义庆《世说新语·文学》)裴徽认为，无确实是万物凭借的根本，但孔子并没有对它发表意见，老子却反复地论述它，这是为什么呢？王弼回答："圣人体无，无又不可以训，故不说也。老子是有者也，故恒言无所不足。"王弼认为，孔子是体察到"无"，而"无"又是不可说的，所以仅言"有"；而老子、庄子不能超脱"有"，所以总是谈论"无"。

在曹魏以前，道家崇尚虚无，儒家崇尚天道，虽有思想家在考察名实的过程中注意到事物的本末问题，但尚未集中进行争辩。至曹魏废帝齐王曹芳正始时期，何晏、王弼援《老》入儒，主张"以无为本"，形成"贵无论"。

王弼所谓"无"，是宇宙万事万物存在的根源和本体，所谓"有"，则是宇宙万事万物的具体存在，所谓"贵无"，就是以无为贵。王弼"贵无论"指出，无虽然无形无象，但却无所不通，无所不由。就天地万物来说，一切"有"都需要依托于背后的"无"而存在。把握事物时，应该"观其所由，寻其所宗；言不远宗，事不失主"(《老子指略》)，这就是"崇本息末"，或言"举本统末"。一切人类社会的典章制度都是"有"，是"末"，故应由事物之末进入事物之本。"夫事有归，理有会。故得其归，事虽殷大，可以一名举；总其会，理虽博，可以至约穷也。"(《论语释疑》)只要找到本质性的东西，就可以把握全局。从二者关系上看，"本末有无"之间并存无间，体用不离，故应该"得本以知末，不舍末以逐末也"(《老子·二十五章注》)。王弼所提出的"崇本举末"，具体到社会领域，则是要以道治国，透过现象看清本质，抓住本质解决问题。

裴𫖮也肯定万物有一个最终的根本,但是他认为这不是"无",而是"道","夫总混群本,宗极之道也。方以族异,庶类之品也"。万物不能自己产生,绝对的无也不能产生万物,故事物自生,"有"是事物产生的最终依据,"是以生而可寻,所谓理也。理之所体,所谓有也"。由崇有出发,裴𫖮提倡尊儒,视"贵无"为患害,并撰成《崇有论》进行驳斥。裴𫖮与贵无派的不同之处在于他承认世界的根本是"有",而不是虚无。他排斥将无作为万物本体的永恒和绝对性,他肯定"有自生",而非"生于无"。

王弼"贵无论"在正始时期学术界占有无可争议的主导地位。正始末年,司马懿发动政变,王弼被免职并病死,但贵无论的影响并未减弱。至西晋中期,王衍以精神核心的地位,继续王弼所倡导的"贵无"论。他因风度与辩才均属上乘,"声名藉甚,倾动当世",使"后进之士莫不景慕仿效",以至"贵无论"趋于极盛。

总体来说,王弼以无为本,其表征的是"道"的无形无象无名,裴𫖮"总混群本",把哲学致思方向引向了具体事物,郭象的独化论则将二者统一起来。至南北朝时期,玄学与儒学相互对峙,当时玄学家多"贵无",儒者多"崇有"。正如张横渠所说:"大易不言有无,言有无,诸子之陋耳。"(《张子正蒙·大易篇第十四》)在张载看来,谈论"有"和"无",终究都是固陋的表现,其实质应该是归于统一。

竹林七贤

竹林七贤是指魏末晋初七位名士,即谯国嵇康、陈留阮籍和阮咸、河内山涛和向秀、沛国刘伶、琅邪王戎。他们互相交往,集结于山阳(今河南修武)竹林之下游逸逍遥,肆意酣畅,当时人把他们总称为"竹林七贤"。

有关竹林七贤的记载,《三国志》卷二一裴松之注引《魏氏春秋》:"(嵇)康寓居河内之山阳县,与之游者,未尝见其喜愠之色。与陈留阮籍、河内山涛、河南向秀、籍兄子咸、琅邪王戎、沛人刘伶相与友善,游于竹林,号为七贤。"又见《晋书·嵇康传》载嵇康居山阳时,"所与神交者惟陈留阮籍、河内山涛,豫其流者河内向秀、沛国刘伶、籍兄子咸、琅邪王戎,遂为竹林之游,世所谓'竹林七贤'也。"南朝宋刘义庆《世说新语·任诞》载:"陈留阮籍、谯国嵇康、河内山涛,三人年皆相比,康年少亚之。预此契者:沛国刘伶、陈留阮咸、河内向秀、琅邪王戎。七人常集于竹林之下,肆意酣畅,故世谓竹林七贤。"当今学术界通常把竹林七贤的学术思想活动时间称为"竹林时期"。

竹林之游约始于魏嘉平元年(249),结束于魏嘉平四年。"竹林名士"既非同郡同里,又非同事乡党,但志趣相投,遂慕名相访,一见如故。七人结自得之游,常集于竹林,肆意酣畅,相互标榜激扬。七人是当时玄学的代表人物,在"竹林七贤"中以山涛年事最长,且"竹林七贤"中的嵇康、阮籍都是山涛发现的,而向秀也是由山涛发现并介绍给嵇康和阮籍认识,因此,山涛是竹林之游实际的组织者和人事核心。

在对待孔子与儒学的问题上,七人的思想倾向略呈差异。嵇康、阮籍、阮咸、刘伶思想上崇尚老庄,行事不拘礼法、放浪形骸,越名教而任自然。山涛和王戎则既好老庄,亦尊儒术。山涛"不读老庄,时闻其咏,往往与其旨合"(《世说新语·赏誉》)。向秀则以儒道为一,具有调和名教与自然的倾向。

在司马氏集团的分化瓦解政策下,竹林七贤的政治态度逐渐有了不同。根据与司马氏集团关系的远近亲疏,有人称七贤实际上是六贤,因王戎积极主动投靠司马氏集团,并最终成为官场达人,而其他贤才则反对蒸蒸日上的司马氏集团。如善翻白眼的阮籍,虽帅得一塌糊涂却经常不顾形象、好几天不洗头洗脸的嵇康,醉鬼刘伶等,皆是持不与司马氏合作的态度。向秀迫于政治压力而出仕司马氏集团。阮咸入晋曾为散骑侍郎,山涛亦曾经推举他,但不被晋武帝看重,且因质疑荀勖的音律而遭其忌恨。山涛早年曾隐居乡里,与嵇康、吕安、阮籍等为友,四十岁时入仕司马氏集团,先后担任尚书吏部郎、相国左长史、侍中、吏部尚书等,在职期间举荐贤人、隐逸之士,崇尚风教、秉公奉职、高尚其节。王戎健谈善名理,深受鉴识者欣赏。他仰慕春秋时期的蘧伯玉,邦无道则卷而怀之,入晋后历任侍中、吏部尚书、司徒等,不曾擢拔出身贫寒之士。他晦默于危乱之际,浮沉于宦海之中,虽历仕晋武帝、晋惠帝两朝,又经八王之乱,仍不失其位。正如陈寅恪所说:"当魏末西晋时代即清谈之前期,其清谈乃当日政治上之实际问题,与其时士大夫之出处进退至有关系,盖借此以表示本人态度及辩护自身立场者,非若东晋一朝即清谈后期,清谈只为口中或纸上之玄言,已失去政治上实际性质,仅作名士身份之装饰品者也。"[①]虽然政治归属不同,但竹林名士的共同点是都崇尚自然,轻蔑礼法,追求精神的放达。只不过是迫于当时的政治形势,使他们不敢也不能直抒胸臆,只能通过自己的作品或者公开或者隐晦的表达他们不愿与司马氏合作的政治态度。

竹林七贤之名的由来,学界存在争议。据东晋孙盛《魏氏春秋》文云:"(嵇)康寓居河内之山阳县,与之游者,未尝见其喜愠之色。与陈留阮籍,河内山涛,河内向秀,籍兄子咸,琅邪王戎,沛人刘伶相与友善,游于竹林,号为七贤。"故"竹林七贤"之名与"集于竹林之下"的竹林之游有关。至于"竹林"的位置,传统说法认为是位于嵇康在山阳的寓所附近。据《晋书·嵇康传》及《世说新语·任诞》记载,嵇康、山涛、阮籍等竹林七贤,常在竹林间畅饮闲谈,肆意欢畅,因而时人称之为"竹林七贤"。陈寅恪认为,"竹

---

① 陈寅恪:《陶渊明之思想与清谈之关系》,《金明馆丛稿初编》,生活·读书·新知三联书店2001年版,第201页。

林七贤"实际为比附佛教"竹林精舍"之名,而"七贤"则源于《论语》中"作者七人"之事数。也就是说,实际并非真正形成"竹林七贤"这一团体,仅为用"七贤"这一名称标榜而已。

关于竹林地点,范寿康《中国哲学史通论》(第3编)肯定竹林的存在,但是认为竹林并无一定的地点;王晓毅认为河内山阳嵇康的庄园中有竹林是完全可能的,而竹林七贤的实际居地与籍贯并无关系,他们多数居河内郡,少数居洛阳,相距不太远。[①] 关于竹林之游的时间。王绍生《竹林七贤若干问题考辨》,谓嘉平二年(250)为竹林七贤形成之时。[②] 丁冠之亦谓竹林之游在此年左右:"正始末年以后,他们并居山阳,退隐清谈的风气就形成了。"[③]高晨阳也指出:"他们的活动,可能一直延续到甘露三年(258)。这年,嵇康或因得罪司马氏的宠臣钟会,又拒绝司马氏的征辟而遭到不满,被迫离开京师而避祸河东。……他之出走意味着'竹林之游'的正式终结。"[④]王晓毅认定前期"竹林之游"的起始时间为正始五年:"从正始八年前后山涛逃出洛阳回到河内,到景元三年和嵇康被杀,竹林之游持续了十五年左右。……而高平陵政变之后,阮籍自嘉平元年即被司马懿辟为从事中郎,此后,七贤很难全部相聚于竹林。"[⑤]故尔,竹林七贤真正聚在一起畅游清谈的时间其实不长,应始自255年阮籍丧母,于是与嵇康神交;结束于嵇康被杀即262年,阮籍佯狂避世,263年卒。由于竹林七贤思想倾向本就不相同,特别是政治态度上的分歧极为明显,故最后的结果是这个小团体的分崩离析,刘伶匿于酒中,王戎、山涛则效力于司马氏集团。

---

① 王晓毅:《儒释道与魏晋玄学》,中华书局2003年版,第180页
② 王绍生:《竹林七贤若干问题考辨》,《中州学刊》1999年第5期。
③ 丁冠之:《嵇康》,《中国古代著名哲学家评传》第2卷,齐鲁书社1980年版,第161、162页。
④ 高晨阳:《阮籍评传》,南京大学出版社1997年版,第25—29页。
⑤ 王晓毅:《儒释道与魏晋玄学》,中华书局2003年版,第188—190页。

名教之中自有乐地

魏晋南北朝时期,由竹林七贤的行为方式引发了一股社会潮流,胡毋辅之、王澄等一些士人将这种行为放大,于是出现了所谓裸体聚会,大瓮喝醉,放达自乐等极端放浪形骸的生活方式。他们效仿竹林名士,实则放达误国。一些名士希望调和名教与自然的关系,来挽救日益颓废荒诞的社会状态。在这种社会背景下,同为当朝名士的乐广指出"名教之中自有乐地"。

《世说新语·德行》载:"王平子,胡毋彦国诸人,皆以任放为达,或有裸体者,乐广笑曰:'名教之中自有乐地,何为乃尔也!'"王澄与胡毋辅之等人,都把放荡不羁当作豁达,甚至有时赤身裸体。乐广笑着说:"名教之中自有令人快乐的地方,为什么偏要这样呢?"

名教指以"三纲"、"五常"为主要内容的儒家礼教,自然指天道自然。名教与自然的观念产生于先秦时期,但名教与自然的关系问题凸显于魏晋时期,由名士们引起争论并发展为魏晋时期的核心问题。嵇康、阮籍身处司马氏时代,他们的放达任性实为无奈之选。而王平子等人空有放达之行为,却无名士之理想,他们只是追求放浪形骸的感官追求,却并无超俗的内在追求。在乐广看来,名教之中自有乐地,儒家知识分子渴望在乱世中建立理想家园,努力成为圣贤以达成所追求的理想人格,"修齐治平"、"兼济天下"即是他们所追求的乐地。

才性之辩

曹魏后期,清谈史上出现《四本论》之争,《魏书》曰:"会论才性同异,传于世。四本者,言才性同,才性异,才性合,才性离也。尚书傅嘏论同,中书令李奉论异,侍郎锺会论合,屯骑校尉王广论离。文多不载。""才"指人的才能,指由天赋得来,或由后世修习得来的能力。"性"指人的道德属性,可以是直接或间接影响"才"的施展,亦可是与"才"没有直接或间接关系的天赋本性。

才性问题最早起源于先秦时期,儒家代表人物之一的孟子,与告子展开了中国历史上第一次人性大讨论,并在讨论人性论问题时首次提出"才"与"性"的概念。孟子认为人性皆善,"若夫为不善,非才之罪也",所谓才,即指天生的资质,人从来都具备"四端",都有向善的可能,故恶"非天之降才尔殊也"(《孟子·告子上》),不能归咎于初生之质不好。荀子也提到才性问题,《荀子·修身》有:"彼人之才性之相县也,岂若跛鳖之与六骥足哉?"荀子认为人天生的资质差距不大。东汉王充将"才"、"性"分作两义,提出"气性"论,"用气为性","性成命定",牟宗三先生称之为"材质主义"。①

对才、性关系问题的讨论,包括对人才选举标准的看法、品鉴人物的标准等问题的讨论,兴盛于魏晋时期。魏初,对于具体人物品性的讨论,进一步发展为才性之辨,即对于抽象的人才标准和才性关系的讨论。才性问题遂成为魏晋时期的中心论题,出现了四种有关才性的观点。

据《三国志·魏书·傅嘏传》载:"嘏常论才性同异,锺会集而论之。"此"集而论之"即《四本论》。又见于《世说新语·文学》篇注引《魏志》:"四本者:言才性同,才性异,才性合,才性离也。尚书傅嘏论同,中书令李丰

① 牟宗三:《才性与玄理》,广西师范大学出版社 2006 年版,第 31 页。

论异,侍郎锺会论合,屯骑校尉王广论离。至是,会遂集而论之。"锺会撰《四本论》毕,"其欲使嵇公一见,置怀中。畏其难,怀不敢出,于户外遥掷,便回急走"(《世说新语·文学》)。锺会很想让嵇康见到,却又害怕他驳难,故不敢亲自交给他,而是远远的从窗外扔进去。在此书中,锺会持才性合的观点,认为人的才能与性格可以合而为一。

《四本论》一书久佚,我们无法确知四本论的详情,但是从以上这些史料中,可知才性同、异、离、合是对当时才、性论争事件的概括和总结。故就从这些史料出发,分析才性问题论证的内容。

傅嘏与卢毓皆持才性同论。傅嘏诘难刘劭《都官考课》时说:"先王之择才,必本行于州闾,讲道于庠序,行具而谓之贤,道修则谓之能。"(《三国志·卷二十一·傅嘏传》)傅嘏认为,人的才能和道德修养是分不开的,才德是统一的。人的才能品格既可是先天已有,也可以后天获得。如果人的才能突出,但是品德不高,对于国家人民来说未能称善,道德品格才是治国的首要条件。在傅嘏看来,气禀决定才性,气禀是内在的,而才可表现于外。既然性是天生的,那么圣人也就是天生的了。既然一个人所禀之气可以表露于外,那么就可以通过一个人外在的表现来衡量他的才华。《三国志·卷二十二·卢毓传》载:"毓于人及选举,先举性行而后言才。黄门李丰尝以问毓。毓曰:'才所以为善也,故大才成大善,小才成小善。今称之有才而不能为善,是才不中器也。'丰等服其言。"卢毓认为,才是用以行善的,如不能行善,则其才根本不中用,即是无才。略晚于傅嘏的袁准作《才性论》,指出:"物何故美,清气之所生也。物何故恶,浊气之所施也。夫金石丝竹,中天地之气;黼黻玄黄,应五方之色。……曲直者木之性也,曲者中钩,直者中绳,轮桷之材也。贤不肖者人之性也,贤者为师,不肖者为资,师资之材也。然则性言其实,才名其用,明矣。"(《艺文类聚》卷二十一)袁准也持才性同的观点,认为才之美恶为性之美恶的外见,美因清气之所生,恶则浊气之所施。

李丰一派坚持才性异。李丰从儒家的人道观出发,认为才、性并不一定一致,有才能的人,其品德未必高尚;德行高尚者,其才能亦未必出众。故人的德行和事功与个人的才质并不一致。无论才性还是道德,都是后天可塑的,一个人成就的大小取决于个人的学习和努力。

侍郎锺会坚持才性合,即才能与性格可结合于一体。才是先天的,人有才但品德未必高尚，但是德行可以后天修为而得，故才性可以合一。

王广、嵇康则认为才性离。在王广、嵇康看来，有德行之士，未必能够取得事功成就；而成就突出者，也未必就是德行高尚之人，故德行与事功不能统一于一身。

从政治上来说，傅嘏和锺会属于司马阵营，而李丰和王广则为司马氏所杀。政治上的对立，是造成他们学术上分歧的重要原因，但不是唯一原因。才性之辩反映了魏晋玄学的丰富性和复杂性，锺会等对才性之"本"的探讨，即对于人的道德修养、才华能力的最终本质是什么的探讨。刘劭《人物志》剖析人物才性的品鉴，探讨识鉴人才之术、量能用人之方，并提出"八观"、"五视"等方法，由人的言行举止、居处执事考察人的品行，对才性论进行了总结。

魏晋名士对才性问题的探讨，包含了对儒家修身、法治、圣人之性和其他魏晋思想中心论题的理解，显示了相当高的哲学灵活性、批判性和独立性，具有极为重要的对儒家道德本体论进行哲学反思的意义。刘学智指出，这种探讨"使原来汉末'清议'曾有过的'臧否人物'的具体评论发展为对鉴识人物的抽象标准、抽象原则的本体探讨，从而使中国古代人才学向哲理化方向通进了一步"。[1]

---

① 刘学智：《儒道哲学阐释》，中华书局 2002 年版，第 100、102 页。

欧阳建言尽意论

西晋时期,为反对当时甚嚣尘上的言不尽意论,欧阳建著《言尽意论》以表明自己的观点。

在《言尽意论》中,欧阳建以"雷同君子"与"违众先生"的对话,来说明语言完全可以表达思想的观点。他认为,语言与事物是完全不同的两种东西,事物并不依托于语言而存在。他说:"形不待名而方圆已著,色不俟称而黑白已彰。然则名之于物,无施者也;言之于理,无为者也。"(《言尽意论》)作为认识对象的事物与作为认识工具的语言是不同的,客观事物不依赖于名言,名言也不能改变客观事物,故"理得于心,非言不畅;物定于彼,非名不辩。言不畅志,则无以相接;名不辩物,则鉴识不显"。而语言具有表达思想、实现认识的功能。只有通过语言的表达才能了解事物的本质,如果语言不能表达思想,就不能进行交流,也不能获得认识。"非物有自然之名,理有必定之称也。欲辩其实,则殊其名;欲宣其志,则立其称。名逐物而迁,言因理而变。此犹声发响应,形存影附,不得相与为二矣。"语言是随着事物本质及其规律而变化的,就如同影子要依附于形体一样。故语言与客观事物是一致的,所以语言完全可以表达事物,言可尽意。因此:"几者,去无入有,理而无形,不可以名寻,不可以形睹者也。唯神也不疾不速,感而遂通,故能朗然玄昭,鉴于未形也。"精义不假物象而存在,故不可以名寻。人们为了认识事物和表达思想,才给各种事物冠以不同的名称。

欧阳建从反映论的立场出发,认为名称、语言仅是事物及其规律的外在反映,名称、语言与事物是完全一致的。由此他断定,名言可以完全表达意义(言尽意),但是欧阳建的前提与结论之间缺乏必要的过渡环节。也就是说,名言与事物一致的关系,只能说明,名言可以如实的反映事物,但并不能说明,名言就可以完全、充分的表达意义。名言与事物的关系和名言与意义的关系是两个不同的问题。

越名教而任自然

自何晏、王弼提出"名教出于自然"后，阮籍、嵇康等"竹林名士"进一步提出"越名教而任自然"的观点，由儒道兼综转而为儒道分离。他们试图超越儒家伦理纲常的束缚，走向顺任自然。

嵇康《释私论》载："夫称君子者，心无措乎是非，而行不违乎道者也。何以言之？夫气静神虚者，心不存乎矜尚；体亮心达者，情不系于所欲。矜尚不存乎心，故能越名教而任自然；情不系于所欲，故能审贵贱而通物情。物情顺通，故大道无违；越名任心，故是非无措也。"嵇康认为，被称为君子的人，气静神虚，体亮心达，感情不被欲望所操纵，不故作追求高尚，这样才能超越名教而顺任自然。

在嵇康看来，礼法名教并不是从来就有的，当然也不必始终存在。礼法束缚人性，"及圣人不存，大道陵迟，乃始作文墨，以传其意。区别群物，使有累族。造立仕义，以婴其心。制为名分，以检其外。劝学讲文，以神其教。"（《嵇康集·难自然好学论》）嵇康坚决反对"立六经以为准"。当时的名教导致私心杂念泛滥，丧失了自然本心；只有超越名教，直接进入自然之域，方能恢复人的自然情性。阮籍同样对名教深恶痛绝，他认为名教直接导致现实社会的虚假与丑恶，阮籍本人也是丝毫不理会儒家礼法，在丧母期间接受司马昭的宴请，在邻居家喝醉就在卖酒的妇人身边酣睡。《晋书·阮籍传》中指出："籍虽不拘礼教，然发言玄远，口不臧否人物。"阮籍曾借"大人先生"之口说："今汝尊闲以相高，竞能以相尚，争势以相君，宠贵以相加，驱天下以趣之，此所以上下相残也。竭天地万物之至，以奉声色无穷之欲，此非所以养百姓也。……汝君子之礼法，诚天下残贼、乱危、死亡之术耳。"（《阮籍集·大人先生传》）

阮、嵇这种思想的产生有其深刻的社会背景。魏晋之际，司马氏篡夺了曹魏政权，宣扬以孝治天下。其实质是名教被异化，司马氏集团打着名教的幌子罗织罪名,镇压异己,使大批名士遭到杀害。而真心崇奉名教之士则无以自处,只能是逍遥于自然之中,期盼"与造物同体"。司马氏集团所提倡的伪名教彻底破坏了名教与自然之间的和谐兼容关系,二者开始完全对立。但是从阮籍、嵇康的言论中,我们也可看到其追慕上古时代礼义教化的论述。嵇康曾在《太师箴》中指出:"先王有仁爱,愍世忧时,哀万物之将颓,然后莅之。"因此,阮、嵇二人对"名教"的否定并非对儒家思想精髓的彻底否定,只不过是对司马氏集团所追捧的名教及社会丑恶现象的批判。名士们无力改变现状,于是只能通过"大人先生"之口或者追求自然之道来得到暂时的消解。

名教即自然

元康时期,裴頠与郭象形成了名教与自然统一的观点。

裴頠著有《崇有论》,否认"越名教而任自然",认为"礼"的存在具有其合理性。在玄学盛行的时代,裴頠坚定的维护儒家礼教,严厉批判"时俗放荡"、"风教凌迟"的社会风气。"崇有"就是要证明名教存在的合理性,因为"贱有则必外形,外形则必遗制,遗制则必忽防,忽防则必忘礼。礼制弗存,则无以为政矣。"(《崇有论》)如果行为上背弃礼法道德,就会导致社会无序,那么国家的存在也成为问题了。

郭象吸收裴頠"崇有论"的思想,提出"独化于玄冥之境"的观点以说明万物的生成变化及相互关系。郭象的《庄子注》兼采"贵无"、"崇有"二论的精华,对"有"、"无"进行调和或"双遣"。郭象强调,无就是什么都没有,因此无不能生有,而有之未生,又不能为生,故"上知造物无物,下知有物之自造也",万物各依自身之性自生自化,并不取决于外在因素。"万物虽聚而共成乎天",整个宇宙是和谐的整体,然而各个事物又是无待而独化的。正由于独化自为,才造成了彼此相因,任何事物都都是圆满自足的,"夫质小者所资不待大,则质大者所用不得小矣。故理有至分,物有定极,各足称事,其济一也"(《逍遥游注》)。犹如唇齿关系,唇是独化自为的,齿亦是独化自为的。然而它们之间又有着唇亡则齿寒的关系,这就是万物自生、自有、独化于玄冥之境。

既然"物各自造",则无不能生有,万物均是自生的。郭象曰:"夫仁义者,人之性也。"(《庄子注·天运》)仁义道德等名教规范也是根植于人性之中的,人的天性如此。尧为世人所效仿,也是本于自然。世间万物都是自身运动变化发展的结果,名教也不例外。郭象认为圣人贵名教,老庄明自然,"其旨无二",故应该"合儒道为一",从而游于内外。在郭象看来,万物之"道"与"物"是"冥"与"迹"的关系,"冥"要透过"迹"来显现,"迹"虽各依其性,"天性所受",但要通过"冥"来把握。"冥"与"迹"又是互相圆融的。凡存在者,皆无待而独现,至理之极是内外相冥而无待的,故"玄冥"之境就是一种超越是非善恶的精神境界。但是精神境界又不能离开现象界而存在,其路径是"冥内"而"游外",即"无心以顺有"。具体到社会领域,郭象认为只要心存"玄冥之境",就可以做到入世即出世,社会中的尊卑上下,大小等级,皆是"各安其性"。至于帝王将相居于统治地位,拥有富贵爵禄,也是"天性"使然。由此可见,"冥内而游外"实际是融合儒道,在个体自由中包含了道德内容。名教也只是自然的一部分,不能脱离自然而存在。

郭象、裴頠的理论既化解了名教在现实社会遇到的尴尬处境,又超越了贵无派全盘否定名教之价值而带来的负面影响,终于使名教与自然的对立在理论上得到统一,使儒家的道德规范与人的自然本性得到融合,虽然这个统一与融合是虚构的,但却适应了当时社会的需求,满足了门阀地主阶级的需要。同时也将玄学发展到更高的层次,为名教与自然的关系做了一个完美的总结。

圣人有情无情论

  有关圣人有情无情的争论首先发生于何晏与王弼之间,主要体现在《三国志·卷二十八·锺会传》注引何劭《王弼传》中:"何晏以为圣人无喜怒哀乐,其论甚精,锺会等述之。弼与不同,以为:'圣人茂于人者神明也,同于人者五情也。神明茂,故能体冲和以通无;五情同,故不能无哀乐以应物。然则圣人之情,应物而无累于物者也。今以其无累,便谓不复应物,失之多矣。'"这段话说明,何晏主张圣人无喜怒哀乐,当时的名士锺会赞同这一说法。而王弼则认为,圣贤与凡人都有五情,但是圣人能够把控自己的情绪,而不为外物所累,即"应物而不累于物"。凡人则容易情其性,为情欲所累而不能自拔。

  何晏主张圣人无情而不滞于情,故无累于物;王弼主张圣人有情而任情自然,故无累于物。与何晏观点一致的除了锺会,还有黄门侍郎王黎。据《傅子》载:"王黎为黄门侍郎,轩轩然乃得志,煦煦然乃自乐。傅子难之曰:'子以圣人无乐,子何乐之甚?'黎曰:'非我乃圣人也。'"(《全晋文·傅玄》)由此可见,王黎同样持圣人无情论。嵇康提出"忘欢而后乐足"(《养生论》),阮籍则言"惊风奋而遗乐兮,虽云起而忘忧"(《大人先生传》),王戎言"圣人忘情"(《世说新语·伤逝》),至郭象、缪协等也主张圣人无情。

  东晋时期,仍有学者谈论圣人有情无情论,《世说新语·文学》载:"僧意在瓦官寺中,王苟子来,与共语,便使其唱理。意谓王曰:'圣人有情不?'王曰:'无。'重问曰:'圣人如柱邪?'王曰:'如筹算,虽无情,运之者有情。'僧意云:'谁运圣人邪?'苟子不得答而去。"僧意即释僧意(《神僧传》卷三),释僧意和王苟子一起谈玄理,僧意就问到:"圣人有没有感情?"王苟子认为圣人没有感情,可是使用它的人有感情。至于使用者为谁,王苟子无法回答。也就是说,圣人与凡人是有本质区别的,圣人无情而人有情,那么人之情来自哪里?又是如何得来?没有完善的答案。反观何晏、王弼圣人有情无情论,何晏之思想来自庄子,认为无情乃修为之最高境界;王弼则以圣人有情立论,认为常人为五情所累而圣人因"神明茂"而能够摆脱五情。故东晋圣人有情无情论没有能够超越何王之说。

曹髦与诸臣论经书

魏高贵乡公名髦(241—260),字彦士,文帝之孙,东海定王霖之子,三国时期曹魏第四位皇帝。公元 254 年,邵陵厉公曹芳被废,曹髦即帝位。曹髦从小好学,才智超群,颇有其祖父曹丕之风采。曹髦认为,齐王曹芳在位时不循礼法,失去了君王应有之仁德,故导致此后的结局。曹髦经常与群臣讨论礼典,评论历代帝王优劣之差,特别看重儒家学者。

正元二年(255)九月,曹髦学完《尚书》,对执经讲课的司空郑冲、侍中郑小同等人分别予以赏赐。甘露元年(256)二月丙辰,曹髦在太极东堂宴请君臣,与侍中荀𫖮、尚书崔赞、袁亮、锺毓、给事中中书令虞松等一起讲述礼典,在谈到帝王优劣之时,曹髦仰慕夏少康,问荀𫖮等曰:"有夏既衰,后相殆灭,少康收集夏众,复禹之绩,高祖拔起陇亩,驱帅豪俊,芟夷秦、项,包举宇内,斯二主可谓殊才异略,命世大贤者也。考其功德,谁宜为先?"曹髦问在座大臣学士,少康与高祖孰优孰劣? 荀𫖮等对曰:"夫天下重器,王者天授,圣德应期,然后能受命创业。至于阶缘前绪,兴复旧绩,造之与因,难易不同。少康功德虽美,犹为中兴之君,与世祖同流可也。至如高祖,臣等以为优。"认为高祖更优。曹髦曰:"自古帝王,功德言行,互有高下,未必创业者皆优,绍继者咸劣也。汤、武、高祖虽俱受命,贤圣之分,所觉县殊。少康、殷宗中兴之美,夏启、周成守文之盛,论德较实,方诸汉祖,吾见其优,未闻其劣;顾所遇之时殊,故所名之功异耳。少康生于灭亡之后,降为诸侯之隶,崎岖逃难,仅以身免,能布其德而兆其谋,卒灭过、戈,克复禹绩,祀夏配天,不失旧物,非至德弘仁,岂济斯勋? 汉祖因土崩之势,仗一时之权,专任智力以成功业,行事动静,多违圣检;为人子则数危其亲,为人君则囚系贤相,为人父则不能卫子;身没之后,社稷几倾,若与少康易时而处,或未能复大禹之绩也。推此言之,宜高夏康而下汉祖矣。诸卿具论详之。"在曹髦看来,少康更优。

　　第二天丁巳日,讲课完毕,曹髦与荀顗、袁亮、崔赞、锺毓、虞松等人又议论少康,大臣无不佩服。顗、亮等议曰:"三代建国,列土而治,当其衰弊,无土崩之势,可怀以德,难屈以力。逮至战国,强弱相兼,去道德而任智力。故秦之弊可以力争。少康布德,仁者之英也;高祖任力,智者之俊也。仁智不同,二帝殊矣。诗、书述殷中宗、高宗,皆列大雅,少康功美过于二宗,其为大雅明矣。少康为优,宜如诏旨。"赞、毓、松等议曰:"少康虽积德累仁,然上承大禹遗泽馀庆,内有虞、仍之援,外有靡、艾之助,寒浞逸豫,不德于民,浇、豷无亲,外内弃之,以此有国,盖有所因。至于汉祖,起自布衣,率乌合之士,以成帝者之业。论德则少康优,课功则高祖多,语资则少康易,校时则高祖难。"帝曰:"诸卿论少康因资,高祖创造,诚有之矣,然未知三代之世,任德济勋如彼之难,秦、项之际,任力成功如此之易。且太上立德,其次立功,汉祖功高,未若少康盛德之茂也。且夫仁者必有勇,诛暴必用武,少康武烈之威,岂必降于高祖哉?但夏书沦亡,旧文残缺,故勋美阙而罔载,唯有伍员粗述大略,其言复禹之绩,不失旧物,祖述圣业,旧章不愆,自非大雅兼才,孰能与于此,向令坟、典具存,行事详备,亦岂有异同之论哉?"于是群臣咸悦服。中书令松进曰:"少康之事,去世久远,其文昧如,是以自古及今,议论之士莫有言者,德美隐而不宣。陛下既垂心远鉴,考详古昔,又发德音,赞明少康之美,使显于千载之上,宜录以成篇,永垂于后。"帝曰:"吾学不博,所闻浅狭,惧于所论,未获其宜;纵有可采,亿则屡中,又不足贵,无乃致笑后贤,彰吾闇昧乎!"(以上见于《三国志·卷四·三少帝纪》,以下同。)

　　甘露元年(256)夏四月丙辰,曹髦亲临太学,与诸儒谈论《书经》、《礼》《易》等有关儒家经典问题,诸儒莫能及。曹髦问:"圣人幽赞神明,仰观俯察,始作八卦,后圣重之为六十四,立爻以极数,凡斯大义,罔有不备,而夏有连山,殷曰归藏,周曰周易,易之书,其故何也?"即六十四卦既已完备,为何还有《连山》、《归藏》、《周易》,易博士淳于俊对曰:"包羲因燧皇之图而制八卦,神农演之为六十四,黄帝、尧、舜通其变,三代随时,质文各繇其事。故易者,变易也,名曰连山,似山出内云气,连天地也;归藏者,万事莫不归藏于其中也。"淳于俊认为,伏羲氏根据燧人氏之图而制作八卦,神农、黄帝、尧、舜等在八卦基础上不断完善。帝又曰:"若使包羲因燧皇而作易,孔子何以不云燧人氏没包羲氏作乎?"曹髦又问,若真是伏羲因燧皇而作易,为什么孔子没有说过这个事?淳于俊不能答。帝又问曰:"孔子作彖、象,郑玄作注,虽圣贤不同,其所释经义一也。今彖、象不与经文相连,而注连之,何也?"曹髦又问出一个尖刻的问题,即孔子为《易经》作《彖》、《象》,郑玄作注,可是如今《彖》、《象》不与《易经》相连,反而是与郑玄注一起,为什么呢?淳于俊对曰:"郑玄合彖、象于经者,欲使学者寻省易了也。"淳于俊认为,郑玄把《彖》、《象》与注合一起,是为了让学者省事。曹髦又问:"若郑玄合之,于学诚便,则孔子曷为不合以了学者乎?"即,如果真是为了方便学者学习,那孔子为什么不这样做呢?淳于俊对曰:"孔子恐其与文王相乱,是以不合,此圣人以不合为谦。"他认为孔子是担心《彖》、《象》与《易经》放一起会混乱,圣人以不放在一起为谦虚。曹髦曰:"若圣人以不合为谦,则郑玄何独不谦邪?"如果以不放在一起为谦虚,那郑玄为什么不谦虚呢?淳于俊彻底无法回答了,只好对曰:"古义弘深,圣问奥远,非臣所能详尽。"曹髦又换了个问题曰:"《系辞》云'黄帝、尧、舜垂衣裳而天下治',此包羲、神农之世为无衣裳。但圣人化天下,何殊异尔邪?"意思是,皇帝、尧、舜时期垂衣裳而天下治,伏羲、神农之世还没有衣服穿,同是治理天下,差别很大啊。淳于俊对曰:"三皇之时,人寡而禽兽众,故取其羽皮而天下用足,及至黄帝,人众而禽兽寡,是以作为衣裳以济时变也。"认为时移世易,三皇时期人少兽多,兽衣兽皮就够穿了。黄帝时代人多了不够穿,只能制作衣裳了。曹髦又问:"乾为天,而复为金,为玉,为老马,与细物并邪?"认为《易经》中的乾卦,可以代表天、金、玉、老马,似不妥当。淳于俊对曰:"圣人取象,或远或近,近取诸物,远则天地。"认为圣人只是取意象相近。

　　讲完《易》,曹髦又命讲《尚书》,并在讨论过程中提出尧的很多缺憾。他问:"郑玄曰'稽古同天,言尧同于天也'。王肃云'尧顺考古道而行之'。二义不同,何者为是?"即郑玄和王肃关于尧治理天下的事情,哪个是正确的?博士庾峻对曰:"先儒所执,各有乖异,臣不足以定之。然《洪范》称'三人占,从二人之言'。贾、马及肃皆以为'顺考古道'。以《洪范》言之,肃义为长。"庾峻并没有直接下结论,而是提出少数服从多数的原则,认为王肃"顺考古道"说法为上。曹髦曰:"仲尼言'唯天为大,唯尧则之'。尧之大美,在乎则天,顺考古道,非其至也。今发篇开义以明圣德,而舍其大,更称其细,岂作者之意邪?"认为既然尧之大美,在乎则天,非"顺考古道"。庾峻无法回答，只能承认自己才疏学浅，对曰："臣奉遵师说，未喻大义，至于折中，裁之圣思。"

曹髦又谈及尧舜时代"四岳举鲧"之事，问曰："夫大人者，与天地合其德，与日月合其明，思无不周，明无不照，今王肃云'尧意不能明鲧，是以试用'。如此，圣人之明有所未尽邪？"认为尧试用鲧，说明圣人在用人方面亦有所不足。庾峻对曰："虽圣人之弘，犹有所未尽，故禹曰'知人则哲，惟帝难之'，然卒能改授圣贤，缉熙庶绩，亦所以成圣也。"庾峻认为，既然最终尧将帝位付给了舜，说明尧仍然是圣人。曹髦又曰："夫有始有卒，其唯圣人。若不能始，何以为圣？其言'惟帝难之'，然卒能改授，盖谓知人，圣人所难，非不尽之言也。经云：'知人则哲，能官人。'若尧疑鲧，试之九年，官人失叙，何得谓之圣哲？"意谓，既然是"有始有卒，其唯圣人"，尧对鲧并未完全信任，却试之九年，怎么能称得上是圣人呢？庾峻对曰："臣窃观经传，圣人行事不能无失，是以尧失之四凶，周公失之二叔，仲尼失之宰予。"庾峻认为，圣人也会有失误。曹髦直接质疑庾峻的回答曰："尧之任鲧，九载无成，汨陈五行，民用昏垫。至于仲尼失之宰予，言行之间，轻重不同也。至于周公、管、蔡之事，亦《尚书》所载，皆博士所当通也。"认为尧任用鲧、共工、兜、三苗等四凶，与孔子错误对待宰予，虽然都有失误，但轻重不同。还有周公重用管叔、蔡叔等叛臣的事情。庾峻又不能回答上来，只能说："此皆先贤所疑，非臣寡见所能究论。"

又谈到"有鳏在下曰虞舜"，曹髦问曰："当尧之时，洪水为害，四凶在朝，宜速登贤圣济斯民之时也。舜年在既立，圣德光明，而久不进用，何也？"尧在位时，洪水肆虐，而舜圣德光明却不被重用，为什么呢？峻对曰："尧咨嗟求贤，欲逊己位，岳曰'否德忝帝位'。尧复使岳扬举仄陋，然后荐舜。荐舜之本，实由于尧，此盖圣人欲尽众心也。"庾峻认为，舜最终被任用，还是因为尧的举荐，故不愧为圣人。曹髦继续问曰："尧既闻舜而不登用，又时忠臣亦不进达，乃使狱扬仄陋而后荐举，非急于用圣恤民之谓也。"尧是在四岳举荐舜时才重用舜，也是贻误时间啊。庾峻对曰："非臣愚见所能逮及。"又一次无法回答。

曹髦又命讲《礼记》，问曰："'太上立德，其次务施报'。为治何由而教化各异；皆修何政而能致于立德，施而不报乎？"为什么同为治理天下，策略和方式不同呢？应该建立何种政策才能立德、施而不报呢？博士马照对曰："太上立德,谓三皇五帝之世以德化民,其次报施,谓三王之世以礼为治也。"三皇五帝以德化民,尧、舜、禹三王以礼为治。曹髦曰："二者致化薄厚不同,将主有优劣邪?时使之然乎?"二者治理方式不同,是因为帝王有优劣,还是时代不同?马照对曰:"诚由时有朴文,故化有薄厚也。"马照认为,正是因为时代变了,所以治理方式不同。

由以上可见,曹髦对儒家经典了解透彻。他爱好儒学,又常与中护军司马望、侍中王沈、散骑常侍裴秀、黄门侍郎钟会等讲宴于东堂,对儒家学者特加礼遇,称裴秀是"儒林丈人",王沈是"文籍先生"。

甘露二年五月(257)辛未,曹髦亲临辟雍,命群臣赋诗,诏曰:"吾以暗昧,爱好文雅,广延诗赋,以知得失,而乃尔纷纭,良用反仄。其原逌等。主者宜敕自今以后,群臣皆当玩习古义,脩明经典,称朕意焉。"

这些记载反映了高贵乡公虽为十几岁的小孩,但是文韬武略具备。钟会自视甚高,也不由得称赞曹髦"才同陈思,武类太祖"(《三国志》卷四《三少帝纪》)。可惜由于年少,能力有限,曹髦最终是壮志未酬,但终究为儒学的发展起到了一定的积极作用。《汉晋春秋》载:"帝见威权日去,不胜其忿。乃召侍中王沈、尚书王经、散骑常侍王业,谓曰:'司马昭之心,路人所知也。吾不能坐受废辱,今日当与卿等自出讨之。'王经曰:'昔鲁昭公不忍季氏,败走失国,为天下笑。今权在其门,为日久矣,朝廷四方皆为之致死,不顾逆顺之理,非一日也。且宿卫空阙,兵甲寡弱,陛下何所资用,而一旦如此,无乃欲除疾而更深之邪!祸殆不测,宜见重详。'帝乃出怀中版令投地,曰:'行之决矣。正使死,何所惧?况不必死邪!'"虽然曹髦最终被杀,年仅二十岁,但人主之学,能如高贵乡公者,实不多见也。明代学者张燧评曰:"史称高贵才慧夙成,好问尚词,即其幸学与诸博士论难,信然。自古末世之君多文采,若隋炀、陈唐二后主最隽,然不过华靡藻丽耳。至深于经术,莫如高贵。人主之学,与韦布异,不能不为之浩叹。"(《千百年眼》卷六)

晋立国子学

晋武帝咸宁二年(276)，西晋始立国子学。

所谓国子学，是指中国古代的教育管理机关和最高学府，它是在太学之外专为高级士族子弟设立的贵族学校。其名字来自《周礼》："国之贵游子弟所谓国子，受教于师氏者也。"(《晋书·武帝纪》)国子学即国立儒学最高学府。

国子学的前身为宫邸学府，最初由汉代统治者为皇室、大臣子弟，以及外戚设立。在西晋之前，魏文帝于黄初五年(224)正式于洛阳恢复太学，学制大致沿用汉代。但是由于战乱频仍，很多太学生并不是真正来求学的，而是为逃避兵役而来，学业水平较低。晋武帝建朝后不久，就开始整顿学校。自晋武帝泰始六年(270)十二月，武帝司马炎就曾亲临辟雍，行乡饮酒之礼。诏曰："礼仪之废久矣，乃今复讲肄旧典。赐太常绢百匹，丞、博士及学生牛酒。"(《晋书·武帝纪》)据《宋书·礼志》载："有司奏：'太学生七千余人，才任四品，听留。'诏：'已试经者留之，其余遣还郡国。大臣子弟堪受教者，令入学。'咸宁二年，起国子学。盖《周礼》国之贵游子弟所谓国子，受教于师氏者也。太康五年，修作明堂、辟雍、灵台。"晋武帝于泰始八年(272)整顿太学秩序，精简太学生的人数，经过这次整顿，太学生人数大为减少。据咸宁四年(278)所立的《晋辟雍碑》载，当时参加行礼的太学生来源广泛，甚至还有门人、弟子、散生等。贵族子弟不愿意与平民子弟在一起上学，太学贵族化的趋势渐显。这也折射出晋武帝在咸宁二年五月开办国子学的其中一个原因。

国子学与太学同属中央官学，国子学是太学的一部分。《宋书》卷39《百官志上》说："晋初复置国子学，以教生徒，而隶属太学焉。"另外《南齐书》卷9《礼志》也记载说，南齐永泰元年，领国子助教曹思文上表："今之国学，即古之太学。晋初太学生三千人，既多猥杂，惠帝时欲辩其泾渭，故元康三年①始立国子学,官品第五以上得入国学。……太学之与国学,斯是晋世殊其士庶,异其贵贱耳。然贵贱士庶,皆须教成,故国学、太学两存之也。"因此,太学是六品以下子弟的学校,国子学只是在太学里新设的五品以上贵族子弟学校。《文选》李善注说:"国学教胄子,太学招贤良。太学在国学东。"注文又引郭缘生《述征记》说:"国学在辟雍东北五里,太学在国学东二百步。"也就是由原来的太学划分为两个部分。

西晋国子学的设立,另一个原因为司马氏整顿太学的浮华学风,以牢牢控制太学生,西晋国子学后来也确实发展成为为士族阶层服务的贵族学校。西晋诗人潘岳《闲居赋》说:"两学齐列,双宇如一;右延国胄,左纳良逸。祁祁生徒,济济儒术。或升之堂,或入之室。教无常师,道在则是。"至于立学时间,史学家吕思勉认为:"屋宇起于咸宁二年(276),教官定于四年(278),生徒入学之法,实至元康三年(293)而后定。"②

至咸宁四年(278),武帝定置国子祭酒、博士各一人,助教十五人,以教生徒。当时国子学博士人数较少,而太学博士与助教人数较多。据《晋书·职官志》:"置博士十九人",官品为六品。柳诒徵先生指出:"惟博士有所谓太学博士、国子博士,故博士分为二省。太学博士沿旧制,故其员多;国子博士为新制,故其员少。"③但是国子祭酒与博士祭酒在武帝时期其实为一人,故史书中常见国子祭酒与博士祭酒混称的现象。咸宁二年起国子学,四年置国子祭酒,博士祭酒遂改为国子祭酒,但是也经常称博士祭酒。如武帝时庾纯在《晋书·庾纯传》中称"国子祭酒加散骑常侍",而《晋辟雍碑》④题名称庾纯为"散骑常侍博士祭酒"。与此情形相同者还有曹志,《晋书·曹志传》称他为"国子博士",后迁祭酒。而《晋书·郑默传》则称他为"博士祭酒"。

博士人选由太常来推荐,且"博士皆取履行清淳,通明典义者,若散骑常侍、中书侍郎、太子中庶子以上,乃得召试"(《晋书·职官志》)。国子博士不仅在经学方面突出,而且要懂议礼、备谘议等。荀崧指出:"昔咸宁、

---

① 注:西晋设立国子学的时间,应当是晋武帝咸宁二年。元康三年当是规定"五品以上得入国学"的时间。

② 吕思勉:《两晋南北朝史》,上海古籍出版社1983年版,第1335页。

③ 柳诒徵:《柳诒徵史学论文续集》,上海古籍出版社1991年版,第371页。

④ 余嘉锡:《晋辟雍碑》,《余嘉锡论学杂著》(上),中华书局1977年版,第150页。

太康、永嘉之中,侍中、常侍、黄门通洽古今、行为世表者,领国子博士。一则应对殿堂,奉酬顾问。二则参训国子,以弘儒训。三则祠、仪二曹及太常之职,以得质疑。"(《晋书·荀崧传》)

太学讲授内容主要还是依贾逵、马融、郑玄、王肃注的儒家经典,故"太学有石经古文先儒典训。贾、马、郑、杜、服、孔、王、何、颜、尹之徒,章句传注,众家之学"(《晋书·荀崧传》)。其中以郑玄、王肃说为主,特别是王肃说,占据西晋经说的半壁江山。

太学与国子学虽有区别,但是仍然互相沟通,交游甚多。如皇太子在太学举行祭祀孔子的释奠礼仪时,二学的师生全部在一起参加活动。据《宋书·礼志》载,武帝太始六年(270),帝临辟雍,行乡饮酒之礼。咸宁三年(277),惠帝元康九年(299),再次临辟雍,行乡饮酒之礼。及惠帝明帝之为太子,及愍怀太子讲经,并亲释奠于太学,太子进爵于先师,中庶子进爵于颜渊。由于西晋政治动荡不宁,官学教育也大受影响。公元316年,西晋灭亡,国子学不复存在。

国子学的设立说明晋武帝比较重视儒学,国学一度出现兴盛局面。但是在史籍记载中,入太学的学生入仕的人数寥寥无几,有在学二十年仍未入仕的太学生,当时占主导地位的选官制度仍是九品中正制、察举征辟。西晋国子学是后世国子监的开端,也直接影响着南北朝、隋唐的教育制度。

司马氏家族偏安江左,建立东晋后,不时有兴学之举,半个多世纪后,国子学得以重建。晋成帝司马衍、晋穆帝司马聃、晋孝武帝司马曜三位皇帝,都曾亲临释奠。孝武时,因为太学在水南悬远,有司议依升平元年,于中堂权立行太学。当时国子生没有参与其中,有司奏:"应须二学生百二十人。太学生取见人六十,国子生权铨大臣子孙六十人,事讫罢。"释奠完毕,皇帝会见八品以上义武百官。

1931年,在河南洛阳偃师市大郊村北出土了"西晋辟雍碑",这里是原西晋太学遗址,正面碑额隶书"大晋龙兴皇帝三临辟雍皇太子又再莅之盛德隆熙之颂"23个字。碑文记载了晋武帝司马炎及皇太子司马衷亲临辟雍的事迹,碑阴刻有行政学官太常、散骑,教职人员博士、助教、主事、司成,以及学员的郡籍、姓名等,多达400余人。辟雍碑的出土,是我们研究晋代教育及国子学情况的极为宝贵的资料。

汲冢书出土

晋咸宁五年(279),汲郡人不准偷盗魏襄王的陵墓,得到竹简数十车,全是蝌蚪文书写,这些竹简就是《汲冢书》,又称之为《竹书纪年》、《汲冢纪年》。这批在墓中沉睡了五百多年的竹简古书得以重见天日。此事载于《晋书·武帝纪》:"晋武帝咸宁五年十月,汲郡人不准盗发魏襄王冢,得竹简小篆古书十余万言,藏于秘府。"

汲冢遗址是战国时期魏国的墓葬群,位于今河南卫辉市,共七冢,《汲冢书》出自第三号冢的魏襄王墓中。《汲冢书》是中国历史上有史记载以来第一次大批出土古书,是我国至目前为止发现的最古老的编年体著作,也是为数不多的躲过了秦始皇焚书灾难的史书。史学界把《汲冢书》与西汉武帝时从孔子旧宅发现的古文《尚书》、《论语》等,殷墟发现的甲骨文,敦煌发现的藏经洞,并称为中国文化史上的四大发现。

汲郡竹简的出土时间,《晋书·武帝本纪》记为咸宁五年,《晋书·卫恒传》记作太康元年(280),《晋书·束皙传》则曰:"太康二年,汲郡人不准盗发魏襄王墓,得竹书数十车。"记为太康二年(281)。《尚书正义·咸有一德》则记为太康八年(287)。因史书记载不一,学界对出土时间存在不同的观点。朱希祖持"咸宁五年说"①,他认为出土时间是咸宁五年,藏于秘府是在太康元年,整理是在太康二年。陈梦家主张"太康二年说",他考证曰:"出土年代当在晋太康二年,即公元二八一年。出土地点在战国时魏地之汲,出土之冢当为魏国之古冢。出土之竹书,其中《纪年》一种成于公元前二九七至二九八之间,则汲冢《竹书》定为公元前三世纪初之写本,当为差近。出土竹简,长二尺四寸(王莽尺),墨书,编以素丝。每简四十字。"《汉晋学术编年》认为"盖初发冢时实咸宁五年,而收集散乱,表上秘

---

① 朱希祖:《汲冢书考》,中华书局1960年版。

府,命人整理,俱非一年之事,故记载不免出入也"①。

盗墓人不准在打开墓穴后,由于竹简众多,大批竹简被扔了一地,打乱了简册的次序,甚至部分竹简被当作火把烧掉,结果造成"多烬简断札,文既残缺,不复诠次"(《晋书·束晳传》),实为可叹可惜。发现墓穴被盗后,晋武帝派督察官荀泽对盗墓案进行调查,并于次年夏捉住不准。当时有"开棺见尸"为第一条杀头的罪名,但是唯独不准是个例外,因晋武帝认为,正是不准盗墓,才得到了这些宝贝,于是格外开恩没有杀他。

竹简出土后,晋武帝命中书监荀勖等人整理考校,一同参与编校的还有和峤、挚虞、卫恒、束晳等人。晋武帝要求把它们由古文写定为当时通行的隶字,并藏于秘府。据载,简上的文字是用战国古文(蝌蚪文)书写的,这种文字早已废弃不用。竹简是用素丝编联成册的,由于年深日久,素丝已然朽断,且由于盗墓者的破坏,竹简已经错乱残缺。荀勖、束晳尽管古文功底深厚,仍然是历经多年整理,到晋武帝的儿子惠帝时,已过去约二十年的时间,才把所见竹书全部整理完毕。杜预对此事有详细记载,《春秋左氏传集解·后序》载:"太康元年三月,吴寇始平,余自江陵还襄阳,解甲休兵。乃申抒旧意,修成《春秋释例》及《经传集解》,始讫,会汲郡汲县有发其界内旧冢者,大得古书,皆简编,科斗文字。发冢者不以为意,往往散乱。科斗书久废,推寻不能尽通。始者藏在祕府,余晚得见之,所记大凡七十五卷,多杂碎怪妄,不可训知。《周易》及《纪年》最为分了。《周易》上下篇,与今正同,别有《阴阳说》,而无《彖》、《象》、《文言》、《系辞》,疑于时仲尼造之于鲁,尚未播之于远国也。其《纪年》篇,起自夏、殷、周,皆三代王事,无诸国别也。唯特记晋国,起自殇叔,次文侯、昭侯,以至曲沃庄伯。庄伯之十一年十一月,鲁隐公之元年正月也,皆用夏正,建寅之月为岁首,编年相次。晋国灭,独记魏事,下至魏哀王之二十年,盖魏国之史记也。……其著书文意,大似《春秋》经,推此足见古者国史策书之常也。"

经过整理后,共得古书十六种七十五篇,其中包括:

1. 编年史《纪年》十三篇(《隋书·经籍志》作十二卷)。记夏以来至周幽王为犬戎所灭,以事接之,三家分,仍述魏事至安釐王之二十年。盖魏

---

① 刘汝霖:《汉晋学术编年》卷七,中华书局1986年版,第106页。

国之史书,大略与《春秋》皆多相应。其中经传大异,则云夏年多殷;益干启位,启杀之;太甲杀伊尹;文丁杀季历;自周受命,至穆王百年,非穆王寿百岁也;幽王既亡,有共伯和者摄行天子事,非二相共和也。

2.《易经》二篇。与《周易》上、下经同。

3.《易繇阴阳卦》二篇。与《周易》略同。

4.《卦下易经》一篇。似《说卦》而异。

5.《公孙段》二篇。公孙段与邵陟论《易》。

6.《国语》三篇。言楚、晋事。

7.《名》三篇。似《礼记》,又似《尔雅》、《论语》。

8.《师春》一篇。书《左传》诸卜筮。"师春"似是造书者姓名也。

9.《琐语》十一篇。诸国卜梦妖怪相书也。

10.《梁丘藏》一篇。先叙魏之世数,次言丘藏金玉事。

11.《缴书》二篇。论弋射法。

12.《生封》一篇。帝王所封。

13.《大历》二篇。邹子谈天类也。

14.《穆天子传》五篇。言周穆王游行四海,见帝台、西王母。

15.《图诗》一篇。画赞之属也。

16.又杂书十九篇:《周食田法》、《周书》、《论楚事》、《周穆王美人盛姬死事》。大凡七十五篇,七篇简书折坏,不识名题。(以上参《晋书·束晳传》)

在这些资料中,最著名的是十三篇编年体史书。《隋书·经籍志》著录有《纪年》《周书》《穆天子传》《琐语》,现仅有《穆天子传》一书传世。马国翰《玉函山房辑佚书》有束晳的《汲冢书抄》《古文琐语》,《纪年》有多家辑本。

关于竹简出书情况,刘汝霖亦有考证:"按《隋志》称荀勖、和峤撰次汲冢书为十五部,八十七卷。今观《晋书·束晳传》,则共有十六种,当是《易经》三种合为两种之故。至如何改编为卷,则不可考。惟《周书》七十一篇,已见《汉志》著录。今亡者仅一篇耳。(此一篇或即其目录,并未亡佚。)《隋》有《周书》十卷,与今卷数正同。则《隋志》所载即汉之原本无疑。而《隋志》注云:'汲冢书,似仲尼删《书》之余。'是以汉之《周书》当汲冢所出之《周书》矣。余考汲冢《周书》,在《杂书》十九篇之内,断无多至七十一篇之理。盖汲冢《周书》至隋已亡,后人因书名相同,遂误以汉之《周书》当之也。"①此说可备参考。

　　《竹书纪年》的发现纠正了许多先秦历史古籍中曾反复出现的谬误和偏差,因而具有较高的学术价值和文献价值。如谯周《古史考》中存在一百二十二条可疑记载,就在《竹书纪年》整理本问世后不久,被学者司马彪进行了纠正。又有其它史书中所未提及之事,也通过《竹书纪年》得以发现,可惜《竹书纪年》原简早已佚失,晋代学者荀勖、束皙等人的整理本也都亡佚,今天我们只能从各种古籍中辑录的点滴窥其一二。

---

①　刘汝霖:《汉晋学术编年》卷七,上海科学技术文献出版社 2015 年版,第 121 页。

梅赜献《孔传古文尚书》

　　东晋元帝时期，豫章太守梅赜（一作"梅颐"、"枚颐"）收集到孔安国作传的《古文尚书》，共计四十六卷五十八篇，另附《尚书孔氏传》十三卷，共计五十九篇，上献朝廷。该书立刻被当作国宝，立于学宫。

　　梅赜，字仲真，东晋汝南西平人，时任豫章太守。《晋书》中梅赜无传，其事迹散见于《晋书·陶侃传》和《世说新语·方正篇》。梅赜所献《孔传古文尚书》，与汉代孔安国的古文传本并不完全相同，故《尚书》存在梅赜传本、伏氏传本、孔氏传本三种传本。在梅赜传本中，33篇内容与伏生28篇内容略同，另有25篇不同于汉传本，共成刘向所说的古文58篇。所献经文虽有58篇，而注解只有57篇，缺《舜典传》1篇。书中有序，称为孔安国所作。

　　《隋书·经籍志》记载了古文尚书得来之经历："晋世秘府所存，有《古文尚书》经文，今无有传者。及永嘉之乱，欧阳，大、小夏侯《尚书》并亡。济南伏生之传，唯刘向父子所著《五行传》是其本法，而又多乖戾。至东晋，豫章内史梅赜，始得安国之传，奏之，时又阙《舜典》一篇。齐建武中，吴姚方兴于大桁市得其书，奏上，比马、郑所注多二十八字，于是始列国学。梁、陈所讲，有孔、郑二家，齐代唯传郑义。至隋，孔、郑并行，而郑氏甚微。自余所存，无复师说。又有《尚书逸篇》，出于齐、梁之间，考其篇目，似孔壁中书之残缺者，故附《尚书》之末。"又有《史通·古今正史》记载："晋元帝时，豫章内史梅赜始以《孔传》奏上，而缺《舜典》一篇，乃取肃之《尧典》，从'慎徽'以下，分为《舜典》以续之。自是欧阳、大小夏侯家等学，马融、郑玄、王肃诸注废，而《古文孔传》独行，列于学官，永为世范。"唐初，唐太宗命孔颖达为《古文尚书》作注，此后遂颁行天下。陆德明《经典释文·序录》："江左中兴，元帝时豫章内史梅赜奏上《孔传古文尚书》，亡《舜典》一篇，购不能得，乃取王肃注《尧典》，从'慎徽五典'以下分为《舜典》篇以续之,学徒遂盛。后范宁变为今文集注,俗间或取《舜典》篇以续《孔氏》。"

由以上内容可知,陆德明《经典释文》和魏徵《隋书》都认为《尚书》在永嘉之乱后亡佚。孔子所编《尚书》,首次散佚是在秦末战乱之中。后汉惠帝时民间收藏之《尚书》复出。汉文帝时,故秦博士济南伏生以口传授《尚书》,于是"伏生教济南张生及欧阳生,欧阳生教千乘、倪宽"(《史记·儒林传》、班固《汉书·儒林传》)。伏生所传《尚书》本有"经二十九卷、传四十一篇、欧阳章句三十一卷"(《汉书·艺文志》),又被称为《今文尚书》。汉景帝、武帝年间,鲁恭王刘馀拆除孔子旧宅,于墙壁内发现一批藏书,其中有蝌蚪文所写《尚书》,其内容比伏生传本多二十五篇,由孔安国以隶书抄写。西晋永嘉之乱后,众家之书并亡,《尚书》也未幸免于难。直至东晋政权南迁,晋元帝时豫章内史梅赜献孔传《古文尚书》,因缺《舜典》一篇,于是取王肃之《尧典》,从"慎徽"篇以下,分为《舜典》,又从《皋陶谟》分出《益稷》,《盘庚》则一分为二,《顾命》分出《康王之诰》。梅赜所献《古文尚书》在晋元帝被立在博士学官。自唐朝孔颖达奉敕撰《五经正义》采用此书后,此书遂成为后世定本。

《古文尚书》的内容,马端临《文献通考·卷一百七十七》载曰:"二十五篇者,谓《大禹谟》、《五子之歌》、《胤征》、《仲虺之诰》、《汤诰》、《伊训》、《太甲》三篇、《咸有一德》、《说命》三篇、《泰誓》三篇、《武成》、《旅獒》、《微子之命》、《蔡仲之命》、《周官》、《君陈》、《毕命》、《君牙》、《冏命》也,复出者,《舜典》、《益稷》、《盘庚》三篇、《康王之诰》,凡五篇。又百篇之《序》自为一篇,共五十九篇,即今所行五十八篇,而以《序》冠篇首者也。为四十六卷者,《孔疏》以为同序者同卷,异序者异卷。同序者,《太甲》、《盘庚》、《说命》、《泰誓》,皆三篇共序,凡十二篇,只四卷。又《大禹》、《皋陶谟》、《益稷》、《康诰》、《酒诰》、《梓材》亦各三篇共序,凡六篇,只二卷。外四十篇,篇各有序,凡四十卷,通共序者六卷,故为四十六卷也。其馀错乱摩灭者,《汩作》、《九共》九篇、《槁饫》;《帝告》、《釐沃》、《汤征》、《汝鸠》、《汝方》;《夏社》、《疑至》、《臣扈》、《典宝》、《明居》、《肆命》、《徂后》、《沃丁》、《咸》四篇、《伊陟》、《原命》、《仲丁》、《河甲》、《祖乙》、《高宗之训》;《分器》、《旅巢命》、《归禾》、《嘉禾》、《成王政》、《将蒲姑》、《贿肃慎之命》、《亳姑》。凡四十二篇,今亡。"

　　这部书的真伪讨论始自唐代，唐宋以降不少学者为之辩难纷争。孔颖达在《尚书正义》中称："《晋书·皇甫谧传》云：'姑子外弟梁柳得《古文尚书》，故作《帝王世纪》，往往载孔传五十八篇之书。'《晋书》又云：'晋太保公郑冲以古文授扶风苏愉，愉字休预。预授天水梁柳，字洪季，即谧之外弟也。季授城阳臧曹，字彦始。始授郡守子汝南梅赜，字仲真，又为豫章内史，遂于前晋奏上其书而施行焉。'"这里谈到梅赜献书之前续。到了南宋初年，吴棫首先开始怀疑梅氏献本，并撰写《书稗传》，认为《孔传》所增二十篇古文文从字顺，不像伏生今文那样佶屈聱牙。马端临《文献通考·卷一百七十七》指出："而安国所增多之书，今篇目具在，皆文从字顺，非若伏生之书，诘曲聱牙，至有不可读者。"元代吴澄、赵孟頫等也讨论过这个问题，明代梅鷟、清人阎若璩、惠栋等皆对于梅氏《尚书》真伪问题做过研究。阎若璩《古文尚书疏证》提出 128 条论据，判定《孔传古文尚书》为伪书。20 世纪初叶，胡适、顾颉刚等人严厉指责梅赜，顾颉刚不仅认为梅赜献书是伪书，而且确认汉代古文是伪古文，是刘歆伪造（参《古史辨》）。蒋善国也认为是伪书无疑。[①] 李学勤在前人考证的基础上，认为"事实上，《孔传》本《古文尚书》在当时（魏晋）虽非显学，其存在是不能否认的"。[②] 近些年，学者们经过对保存于种种典籍中的《尚书》辑佚本与梅赜传本进行比较，发现其中大量篇章是可信的。刘建国认为："如果说孔安国作《传》之《古文尚书》在晋之前因有过佚失的话，而梅赜所上之《古文尚书》则是失而复得。梅赜不仅不是伪造《古文尚书》之人，而是保存《古文尚书》有功之人，应当为其平反，把后人给他加的莫须有的罪名通通去掉。"[③]其实早在宋代，朱熹虽对此书有怀疑，但是认为："对《书》中可疑诸篇，若一齐不信，恐倒了六经。"四库提要也说："梅赜之书，行世已久，其文本采缀逸经，排比联贯，故其旨不悖于圣人，断无可废之理。"故梅赜之书应该出自历代经师的转述，绝不能简单说其为伪书。

　　关于梅赜献书时间，唐孔颖达《尚书正义》引《晋书》说："始授郡守子汝南梅赜，字仲真，又为豫章内史，遂于前晋奏上其书而施行焉。"说明梅

---

①　蒋善国：《尚书综述》，上海古籍出版社 1988 年版，第 53 页

②　李学勤：《论魏晋时期古文〈尚书〉的传疏》，载《当代学者自选文库·李学勤卷》，安徽教育出版社 1999 年版，第 645 页。

③　刘建国：《先秦伪书辨正》，陕西人民出版社 2004 年版，第 33 页、47 页。

赜所献《古文尚书》时间为"前晋"。而《隋书·经籍志》谓："至东晋，豫章内史梅赜始得安国之传，奏之，时又阙《舜典》一篇。"《史通·古今正史》亦谓："晋元帝时，豫章内史梅赜始以《孔传》奏上，而缺《舜典》一篇"。又陆德明《经典释文·序录》："江左中兴，元帝时豫章内史梅赜奏上《孔传古文尚书》"。即认为在东晋元帝时所上。具体献书时间不详，但是在元帝时期上献应该无疑。

关于梅赜名字，可参考蒋善国考证："梅赜据明袁氏嘉趣堂《世说新语》作梅颐，陆德明《经典释文序录》作枚赜，《音义》作梅颐。'枚'跟'梅'同音通用。朱骏声说：'古人名颐字真，晋梅颐字仲真，作梅赜者误。李颐字景真。'（《说义通训定声》颐部第五）梅颐字仲真，正跟名'颐'字'真'的习例相同。仲真既是梅颐的字，那么后人把梅颐的颐写作赜，显系错字，但自《尚书正义》误作梅赜以来，清代学者多知梅赜，而不知梅颐。"①

客观来说，梅赜所献本有可能不是真正的孔壁古文，而是汇纂辑佚本。但是它有自己的传承，故恐不能径称之为"伪书"。在梅赜之前，《尚书》并未有完整统一的定本，篇名也各不相同，文字更是相差甚大。而在东晋南北朝直至隋唐三百多年间，并无人谈及梅赜《尚书》是伪作，而且郭璞《尔雅注》、锺嵘《诗品·序》、刘勰《文心雕龙·明诗》篇中都引有该古文部分的文字。梅赜在古《尚书》久已失传的情况下，汇辑、保存的这批古籍材料，至今仍是我们研究古代思想史的珍贵资料，这正是他对儒家文化乃至中华文化的巨大贡献。故那种将梅赜认定为伪造文献的千古罪人的说法，不免太过偏激。

---

① 蒋善国：《尚书综述》，上海古籍出版社1988年版，第304页。

东晋国子学

　　自曹魏立太学、西晋立国子学以来，随着朝代的兴衰，国子学也随之时兴时废。至西晋惠帝元康三年（293），博士祭酒裴頠上疏奏请修国学，《晋书》卷三十五《裴頠传》有载："时天下暂宁，頠奏修国学，刻石写经。皇太子既讲，释奠祀孔子，饮食射候，甚有仪序。"袁瑰也上疏求立学徒，《通典》卷二十七《国子监》注："袁瑰字山甫，为国子祭酒。时屡经丧乱，礼教陵迟。瑰上疏求立学徒，帝从之。国学之兴，自瑰始也。又裴頠为祭酒，奏立太学，起讲堂，筑门，刻石写五经也。"儒学遂有振兴之象，可惜正值八王之乱起，太学遂断。西晋永嘉五年（311），刘曜攻克洛阳，俘虏晋怀帝，大肆屠杀焚掠，大量中原官民士人避乱南逃。永嘉之乱后，晋朝统治集团南迁，定都建康，史称衣冠南渡。乱世之中，太学不复存在。

　　东晋元帝即位后，建武初（317），琅琊大族、中兴功臣王导上书请求兴太学，复学校，选择朝中子弟入学，聘任明博修礼之士为师。其书曰："夫风化之本在于正人伦，人伦之正存乎设庠序。庠序设，五教明，德礼洽通，彝伦攸叙，而有耻且格，父子兄弟夫妇长幼之序顺，而君臣之义固矣。《易》所谓'正家而天下定'者也。……今若聿遵前典，兴复道教，择朝之子弟并入于学，选明博修礼之士而为之师，化成俗定，莫尚于斯。"散骑常侍戴邈以世道久丧，礼俗日弊，上奏司马睿"宜笃道崇儒，以励风化"，认为上所唱者，下之所好。故亦立太学。晋王赞同，故太兴初（318），准备修立学校。

　　立学之初，《仪礼》、《公羊》、《穀梁》及郑《易》，皆不欲置博士。太常荀崧提出不可省置博士，上疏曰："臣闻孔子有云，'才难，不其然乎'。自丧乱以来，经学尤寡。儒有席上之珍，然后能弘明道训。今处学则阙朝廷之秀，仕朝则废儒学之美。……《周易》一经，有郑玄注，其书根源，诚可深惜，宜为郑《易》博士一人。《仪礼》一经，所谓曲礼，郑玄于《礼》特明，皆有证据,宜置郑《仪礼》博士一人。《春秋公羊》,其书精隐,明于断狱,宜置博士一人。《穀梁》简约隐要,宜存于世,置博士一人。……臣以为《三传》虽同一《春秋》,而发端异趣。案如三家异同之说,义则战争之场,辞亦剑戟之锋,于理不可得共。博士宜各置一人,以传其学。"元帝赞同荀崧之言,遂下诏曰:"崧表如此,皆经国大务,而为治所由。息马投戈,犹可讲艺。今虽日不暇给,岂忘本而道存邪!可共博议之。"于是在太兴四年(321)诏曰:"三月,置《周易》、《仪礼》、《公羊》博士。"(《晋书·元帝纪》)并诏曰:"《穀梁》肤浅,不足置博士,余如奏。"(《晋书·荀崧传》)除《穀梁》未立博士,其余皆按荀崧所奏立博士。东晋时期儒学一时重振,虽然此时的经学已受到玄学影响,重视古文经学,今文经学的师法几乎消亡。不久后又遭苏峻、祖约之乱,学校遂遭破坏,太学重又陷入停顿。

乱平之后,咸康元年(后赵建武元年,335),征西将军庾亮在武昌开置学官。认为"自胡夷交侵,殆三十年矣。而未革面响风者,岂威武之用尽,抑文教未洽,不足绥之邪?"庾亮认为应该:"便处分安学校处所,筹量起立讲舍。参佐大将子弟,悉令入学,吾家子弟,亦令受业。四府博学识义通涉文学经纶者,建儒林祭酒,使班同三署,厚其供给;皆妙选邦彦,必有其宜者,以充此举。近临川、临贺二郡,并求修复学校,可下听之。若非束修之流,礼教所不及,而欲阶缘免役者,不得为生。明为条制,令法清而人贵。"庾亮又命缮造礼器俎豆之属,将行大射之礼。庾亮卒,太学又废。

东晋一朝处于丧乱之际,礼教陵迟,成帝咸康三年(337),国子祭酒袁环、太常冯怀又上疏曰:"臣闻先王之教也,崇典训,明礼学,以示后生,道万物之性,畅为善之道也。……古人有言,《诗》《书》义之府,礼乐德之则。实宜留心经籍,阐明学义,使讽颂之音,盈于京室;味道之贤,典谟是咏,岂不盛哉!"(《宋书·卷十四》)成帝深有同感,于是东晋再次于秦淮水南立太学,征集生徒。可惜当时世尚庄、老,莫肯用心儒训。

晋穆帝永和八年(352)九月,殷浩西征,借口征集财物,停止了太学学生的学习,并将学生遣散,学校由此遂废(《宋书·礼志》)。晋穆帝永和十一年(355),召集群臣论《孝经》义,到晋孝武帝太元元年(376)时,又集群臣论经义。荀昶曾撰集《孝经》诸说。太元元年(376),国子祭酒殷茂言之曰:"自大晋中兴,肇基江左,崇明学校,修建庠序,公卿子弟,并入国学。寻值多故,训业不终。陛下以圣德玄一,思隆前美,顺通居方,导达物性,兴复儒肆,金与后生。自学建弥年,而功无可名。惮业避役,就存者无几;或假托亲疾,真伪难知,声实浑乱,莫此之甚。……窃谓群臣内外,清官子侄,普应入学,制以程课。今者见生,或年在扞格,方圆殊趣,宜听其去就,各从所安。所上谬合,乞付外参议。"(《宋书·卷十四》)烈宗司马曜下诏褒纳,虽然赞同,但是又不施行,"朝廷及草莱之人有志于学者,莫不发愤叹息"(《宋书·志》卷十四)。

清河人李辽又上表曰:"可重符兖州刺史,遂成旧庙,蠲复数户,以供扫洒。并赐给《六经》,讲立庠序,延请宿学,广集后进,使油然入道,发剖琢之功。运仁义以征伐,敷道德以服远,何招而不怀,何柔而不从!所为者微,所弘甚大。臣自致身辇毂,于今八稔,违亲转积,夙夜匪宁。振武将军何澹之今震扞三齐,臣当随反。裴回天邑,感恋罔极。乞臣表付外参议。"(《宋书·卷十四》)此次上表又没有施行。

淝水之战后,东晋政局相对稳定,国学建设迎来了一个高潮期。东晋太元九年(384),尚书令谢石又建议恢复国子学。此事记载于《宋书·卷十四·礼志一》:"孝武帝太元九年,尚书谢石又陈之曰:'今皇威遐震,戎车方静,将洒玄风于四区,导斯民于至德。岂可不弘敷礼乐,使焕乎可观!请兴复国学,以训胄子;班下州郡,普修乡校。雕琢琳琅,和宝必至;大启群蒙,茂兹成德。匪懈于事,必由之以通,则人竞其业,道隆学备矣。'"烈宗接受了他的建议,于是在这一年"选公卿二千石子弟为生,增造庙屋一百五十五间。太学生有百人,以车胤领国子博士。"车胤上言曰:"今博士八人,愚谓宜依魏氏故事,择朝臣一人经学最优者,不系位之高下,常以领之。每举太常,共研厥中。其余七人,自依常铨选。"然而孝武帝太元十年(385),建立国子学,损国子助教员为十人。太学则被并入国子学,作为官方教育机构,太学消失了。《晋书·卷九·孝武帝纪》载:"(太元)十年(385年)二月,立国学。"《职官志》,《宋书》卷三二《五行志三》皆有载。国子学的成立在当时影响很大,据《宋书·卷九三·周续之传》:"豫章太守范宁于郡立学,招集生徒,远方至者甚众。续之年十二,诣宁受业。居学数年,通《五经》并《纬候》,名冠同门,号曰'颜子'。"

在皇室的大力提倡下,国子学发展势头良好,但是总体上看,东晋国子学教学效果很差,主要原因就是东晋王朝仍然按照门第选拔人才,制度上仍然沿袭九品中正制,通过学习步入仕途非常困难;再者学校"考课不厉，赏黜无章”，管理混乱。在东晋时期，曾出现了一个大事故，《晋书·卷二七·五行志》记载：“太元十年正月（引者按：《五行志》此处记载的时间欠准确，当在太元十年二月之后。）国子学生因风放火，焚房百余间。是后考课不厉，赏黜无章。盖有育才之名，而无收贤之实，此不哲之罚先兆也。”发生了这样一件事，自然是有多种原因的，《宋书·卷十四·礼志一》记载：因为国子学“品课无章，士君子耻与其列。国子祭酒殷茂言之曰：‘……自大晋中兴，肇基江左，崇明学校，修建庠序，公卿子弟，并入国学。……自学建弥年，而功无可名。惮业避役，就存者无几；或假托亲疾，真伪难知，声实浑乱，莫此之甚。臣闻旧制，国子生皆冠族华胄，比列皇储。而中者混杂兰艾，遂令人情耻之。……窃谓群臣内外，清官子侄，普应入学，制以程课。今者见生，或年在调格，方圆殊趣，宜听其去就，各从所安。’烈宗下诏褒纳，又不施行。朝廷及草莱之人有志于学者，莫不发愤叹息。”东晋社会崇尚老、庄之风甚盛，国子生也受到影响，不认真攻读儒家经典，尽管有国子祭酒殷茂建议整顿，终究是徒有虚名，杂乱无章，使有志于学者叹息不已。

东晋国子学，兴兴废废几十年，始终未能很好发展，也没有能真正地兴盛儒学。至南朝时期，太学作为官方教育机构不复存在。吕思勉先生在《读史札记·国子太学条》中说：“国子学与太学，初本是二，后乃合而为一”，“国学存而太学废”。

东晋清谈与儒玄双修

晋永嘉(307—312)之后,一批士人南渡,其中活跃于东晋之初的第一代士人,史称"中兴名士"。这些名士来自元康时期的放达派,在南方仍然保持放荡不羁的作风,他们不仅不拘俗礼,放浪形骸,且又善于清谈。与正始时期清谈致力于玄理的探讨不同,此时玄学的特点转到"玄谈",重点在"谈"。他们大多形成儒玄双修或礼玄双修的特点,兼顾名教与自然,且更加追求艺术化的生活方式,谈诗论道、纵情山水,形成所谓的"名士风流"。

《晋书》载:"(光逸)寻以世难,避乱渡江,复依辅之。初至,属辅之与谢鲲、阮放、毕卓、羊曼、桓彝、阮孚散发裸裎,闭室酣饮已累日。逸将排户入,守者不听,逸便于户外脱衣露头于狗窦中窥之而大叫。辅之惊曰:'他人决不能尔,必我孟祖也。'遽呼入,遂与饮,不舍昼夜,时人谓之八达。"此处所指的"八达"即谢鲲、阮孚、毕卓、羊曼、桓彝、阮放、光逸以及胡毋辅之,他们来自当年的"元康八达"。由于被西晋灭亡的失败情绪所笼罩,他们皆以放达为乐,或至散发裸体,闭室酣饮。于是清谈之风重新兴起。首先是发生在王敦府中的卫玠"谈道",《晋书》有"于时中兴名士,唯王承及玠为当时第一"(《晋书》卷三六《卫玠传》)的说法,渡江名臣王导、卫玠、周颛、庾亮等人皆出自王承门下。据《世说新语·赏誉》刘孝标注引《玠别传》载:"每闻玠之语议,至于理会之间,要妙之际,辄绝倒于坐。前后三闻,为之三倒。时人遂曰:'卫君谈道,平子绝倒。'"王澄(字平子)听到卫玠谈到玄理精妙处,竟佩服的连续三次倒在座位上。王敦更是评价卫玠道:"昔王辅嗣吐金声于中朝,此子今复玉振于江表,微言之绪,绝而复续。不悟永嘉之中,复闻正始之音。何平叔若在,当复绝倒。"将卫玠与王弼并举。另有温峤、庾亮、蔡谟、卞壶等被称为"八伯"、"四伯"的人物,也是放达不羁,纵欲独行。

当时,有些儒家人物将西晋社会灭亡的原因归结为玄谈,因为不仅名士清谈,就连高官政要也多是大清谈家,如王导在主持军政要务的闲暇,也喜欢清谈。王导身为宰相,与之相约谈辩的对手如殷浩、桓温、王蒙、王述、谢尚等,大都是二三十岁的青年,他们相约共谈析理,竟至三更。当时人将放诞任性不以为耻,反以为荣。《世说新语·任诞》注引檠《晋纪》曰:"王导与周顗及朝士诣尚书纪瞻观伎。瞻有爱妾,能为新声。顗于众中欲通其妾,露其丑秽,颜无怍色。有司奏名顗官,诏特原之。"周顗纵酒放荡,蔑视礼法,但失于检点节制,且不以为耻,实为无耻。

在"中兴名士"的推动下,从咸康年间(335—342),玄谈之风重兴,到永和年间(345—356)达到鼎盛。推动这次清谈的名士有王濛、刘惔、殷浩、司马昱、孙盛、孙绰、阮裕、许询、干脩、王羲之、王胡之、谢尚、桓温、韩康伯,另有一些佛教高僧如支道林、竺法深、于法开、于法威等。其中以殷浩、支遁为其领军人物,其玄谈内容仍是"三玄"即《周易》、《老子》、《庄子》,清谈中心为京师建康和会稽,这个时期的清谈史称"永和清谈"。当时中军将军殷浩的家就是一个名士聚会的场所。殷浩、刘惔为代表的义理派曾与孙盛为代表的象数派就《周易》象数问题进行过辩论,他们挥舞麈尾,反复辩难,"往反精苦,客主无间。左右进食,冷而复暖者数四。彼我奋掷麈尾,悉脱落,满餐饭中。宾客遂至莫忘食"(《世说新语·文学》)。辩谈到极兴处,饭菜热了四次都忘了吃,殷浩便对孙安国说:"卿莫作强口马,我当穿卿鼻。"孙曰:"卿不见决鼻牛,人当穿卿颊。"殷浩曾与刘惔清谈许久未胜,刘惔评曰:"田舍儿强学人作尔馨语!"在这一时期,寺庙成为清谈之所,僧人也加入辩谈的队伍,佛学也成为谈辩的内容。东晋高僧支道林就是谈玄高手,殷浩曾与支道林辩论才性问题。直至永和十年二月,桓温以殷浩北伐失利为由,逼迫朝廷废浩为庶人。永和清谈至此告一段落。这一时期玄学理论没有大的发展,更没有重要的理论著作问世。王晓毅分析原因:"自西晋郭象哲学诞生后,曹魏西晋时期玄学面临的理论课题——名教与自然的矛盾已经得到了解决,玄学政治理论的发展一时难有重大突破。[①]"

东晋一朝对西晋以来的清谈和放达之风的危害已有清醒的认识,如

① 王晓毅:《张湛家世生平与所著〈列子注〉考》,《东岳论丛》2004 年第 6 期。

东晋名士庾翼给殷浩的信中所写："王夷甫,先朝风流士也,然吾薄其立名非真,而始终莫取,若以道非虞夏,自当超然独往,而不能谋始,大合声誉,极致名位,正当抑扬名教,以静乱源。而乃高谈《庄》、《老》,说空终日,虽云谈道,实长华竞。及其末年,人望犹存,思安惧乱,寄命推务。而甫自申述,徇小好名,既身囚胡虏,弃言非所。凡明德君子,遇会处际,宁可然乎?而世皆然之。益知名实之未定,弊风之未革也。"(《晋书·卷七十七·殷浩传》)儒家学者范宁不仅批判当朝清谈弊端,更是上溯到魏晋时期的何晏、王弼,认为:"王何蔑弃典文,不遵礼度,游辞浮说,波荡后生,饰华言以翳实,骋繁文以惑世。搢绅之徒,翻然改辙,洙泗之风,缅焉将堕。遂令仁义幽沦,儒雅蒙尘,礼坏乐崩,中原倾覆。……王何叨海内之浮誉,资膏粱之傲诞,画螭魅以为巧,扇无检以为俗。郑声之乱乐,利口之覆邦,信矣哉!"(《晋书·卷七十五·范宁传》)名士戴逵在其著《放达为非道论》中指出:"若元康之人,可谓好遁迹而不求其本,故有捐本徇末之弊,舍实逐声之行,是犹美西施而学其颦眉,慕有道而折其巾角,所以为慕者,非其所以为美,徒贵貌似而已矣。"戴逵认为元康放达派所谓放达之风,实谓西施效颦,"彼非玄心,徒利其纵恣而已",只是附庸风雅以显示自已罢了。反对清谈的名士还有应詹、陶侃、卞壶等人。

东晋士人所追求的理想境界,是通过儒玄双修来消除名教与自然的矛盾和冲突,倡儒道兼济,游外冥内,无心顺有,出处同归。真正从理论上对东晋名士境界进行论证的有李充、曹毗、王坦之、江惇、袁宏等人。李充兼修玄、儒、法,曾注《尚书》、《周易旨》、《释庄论》上下篇、《吊嵇中散文》等,特别是其《学箴》篇,提倡以道家为本,以儒家为末,在肯定名教仁义观念在维护社会秩序的必要性的同时,又提倡道家的自然无为思想。曹毗在《对儒》中指出:"故大人达观,任化昏晓,出不极劳,处不巢皓,在儒亦儒,在道亦道,运屈则纡其清晖,时申则散其龙藻。"曹毗赞成亦儒亦道的达观态度。王坦之则提出"在儒而非儒,非道而有道"的观点,赞成以儒家立身处世而兼有道家心境,表现出明显的儒者风范。江惇坚守儒者的立场,袁宏认为名教之作"盖准天地之性,求之自然之理"(《后汉纪》),把儒家的礼制纳入到道家自然无为的理论体系之中。

总之,东晋名士大多都非常向往庄子所说的逍遥境界,他们既放达自任,又善于清谈,且颇多虚浮任诞之气,干宝评曰:"谈者以虚薄为辩,而贱名俭"(《晋纪·总论》)。这种清谈之风历久不衰,直至隋唐方止。《全晋文》卷三十五应詹上疏陈便宜:"元康以来,贱经尚道,以玄虚宏放为夷达,以儒术清俭为鄙俗。望白署空,显以台衡之望;寻文谨案,目以兰薰之器。永嘉之弊,未必不由此也。"认为元康以来,轻视经典,崇尚玄道,把玄虚放纵当作和悦豁达,把儒学崇尚清廉节俭视为鄙陋庸俗,如今应当尊崇儒学,奖掖儒者,来革新风俗教化。这也是当时有弘深之识君子的共同看法。

孙盛与褚裒论南北学风

康帝建元元年(343),孙盛与褚裒讨论南北学风的不同,见《世说新语·文学》篇载:"褚季野语孙安国云:'北人学问,渊综广博。'孙答曰:'南人学问,清通简要。'支道林闻之曰:'圣贤固所忘言。自中人以还,北人看书,如显处视月;南人学问,如牖中窥日。'"褚裒,字季野。孙盛,字安国。褚裒认为,北方人做学问功底深厚又善于融会贯通;孙盛认为,南方人做学问清晰通达又简明扼要。支道林听说后,以简单的生活现象作比喻,把南北学问特点说的清楚明白。"显处视月"说明北人做学问广博开阔,却失在精微;"牖中窥日"说明南人做学问精到幽微,却失在狭隘。余嘉锡先生在褚、孙对话条下解释说:"此言北人博而不精,南人精而不博。"

刘孝标针对支道林的比喻指出:"支所言但譬成孙、褚之理也。然则学广则难周,难周则识闇,故如显处视月;学寡则易核,易核则智明,故如牖中窥日也。"在刘孝标看来,南人知识少,故能够做到"清通简要"。

唐长孺先生曾经指出:"从来引这一段来说明南北学风的都以为褚裒、孙盛和支道林所说的南北就相当于以后南北朝的界限。我觉得在东晋时可能范围有些出入。褚裒(季野)为阳翟人,孙盛(安国)是太原人,所谓南北应指河南北。东迁侨人并不放弃原来籍贯,孙褚二人的对话只是河南北侨人彼此推重,与《隋书·儒林传序》所云'南人约简,得其英华;北学深芜,穷其枝叶',虽同是南北,而界限是不一致的。"①唐先生区分南北地域界限,对我们研究南北学风的特点有重要意义。

---

① 唐长孺:《读〈抱朴子〉推论南北学风的异同》,《魏晋南北朝史论丛》,生活·读书·新知三联书店 1955 年版,第 361 页。

太武法难

太武法难是指北魏太平真君五年(444)始,至正平二年(452)止,由太武帝拓跋焘以诏书号令发动的全国性的大规模灭佛运动。

太武帝太平真君六年(445)九月,北地卢水胡人盖吴在关中杏城聚众反魏,各族人民纷起响应,起义军发展至十余万人。河东蜀人薛永宗起兵响应盖吴,袭击闻喜。次年正月,太武帝自京都平城亲率大军前往征伐。后渡黄河西进,至华阴的洛水桥。闻盖吴主力在长安北,不敢与之决战,于是沿渭水南岸进入长安,进攻义军,屠杀散关起义的氐族人民。在长安的一座寺庙里,太武帝发现大量武器及酿酒器具等"非沙门所用"之物,认为僧人与盖吴通谋,且寺庙之中,可能有凶党,于是太武帝下达了灭佛诏书,不仅对长安寺中所有沙门进行屠杀,而且殃及全国沙门。这就是太武帝灭佛的直接原因。

太武帝对佛教的态度曾几经变化,在他即位的始光元年(424)到太延四年(438),其态度是崇佛的。北魏时佛教十分兴盛,太武帝亦曾"亲御门楼,临观散花,以致敬礼"(《魏书·释老志》)。至太延四年(438)以后,为征伐柔然,北魏以全民为兵。而那时,沙门是可以免除租税、徭役的,于是太武帝下诏"罢沙门年五十以下"者扩充兵源。这一诏书的背后还有另外一方面的原因,即太武帝欲一统天下,就需要推崇中原人比较信奉的儒学与道教来标榜自己。另外,当时的沙门占据大量出产及财富,这对于当时的国家统治来说,是个极大的问题,这也是太武帝灭佛的根本原因。于是他听从宰相崔浩的意见,排斥佛教,改信天师道,甚至打出道教旗帜,改元"太平真君",并亲自到道坛接受符箓。五年(439)正月,下《禁私养沙门诏》,七年(441),下诏在全国灭佛。据《高僧传·昙始传》载:"分遣军兵,烧掠寺舍,统内僧尼,悉令罢道。其有窜逸者,皆遣人追捕,得必枭斩。一境之内,无复沙门。"

　　崔浩,字伯渊,出身北方高门士族。他博览群书,善于阴阳五行及术数之学,历仕魏道武帝、魏明元帝、魏太武帝三帝,官至司徒。后结识寇谦之,开始信奉道教。寇谦之把儒家学说和佛教经律及斋戒祭祀仪式吸收到道教中来,重新改造五斗米道。魏太武帝始光元年(424),寇谦之献上道书,崔浩上书劝谏太武帝,使太武帝信奉道教,排斥佛教,认为佛教系"西戎虚诞","为世费害"。于是在太平真君五年(444),太武帝下令禁止私养沙门,并限期交出私匿的沙门,若有隐瞒,诛灭全门。此次太武帝不仅灭佛,而且要灭掉儒道中的谶记、阴阳、图纬等。《魏书》卷四下《帝纪第四》记载:"五年春正月壬寅,皇太子始总百揆。侍中、中书监、宜都王穆寿,司徒、东郡公崔浩,侍中、广平公张黎,侍中、建兴公古弼,辅太子以决庶政。诸上书者皆称臣,上疏仪与表同。戊申,诏曰:'愚民无识,信惑妖邪,私养师巫,挟藏谶记、阴阳、图纬、方伎之书;又沙门之徒,假西戎虚诞,生致妖孽。非所以壹齐政化,布淳德于天下也。自王公已下至于庶人,有私养沙门、师巫及金银工巧之人在其家者,皆遣诣官曹,不得容匿。限今年二月十五日,过期不出,师巫、沙门身死,主人门诛。明相宣告,咸使闻知。'庚戌,诏曰:'自顷以来,军国多事,未宣文教,非所以整齐风俗,示轨则于天下也。今制自王公已下至于卿士,其子息皆诣太学。其百工伎巧、驺卒子息,当习其父兄所业,不听私立学校。违者师身死,主人门诛。'"同时又下诏:"自顷以来,军国多事,未宣文教,非所以整齐风俗,示轨则天下也",命王公贵族子弟"皆诣太学"。

　　寇谦之对太武帝灭佛活动并不热心,他认为道教与佛教可以共处,而且他认为老子化胡,释迦牟尼是老子的化身;再加之以太子晃为首的鲜卑贵族崇佛抑道;排佛过于激烈,势必激化各方矛盾。崔浩则欲用儒家思想治国,削弱贵族势力,故极力劝告拓跋焘要加大打击佛教的力度。太武帝也非常重视儒家"文教"之功,他尊崇孔子,提倡儒学,希望通过宣扬礼、乐、法度来化民。他在神䴥四年(431),打败柔然、高车、夏国之后,就提出要"偃武修文",吸纳汉族知识分子参与政权,用儒家学说统治百姓。太武帝在七年进一步推行更加苛虐的废佛政策:诛戮长安的沙门,焚毁天下一切经像。一时之间,举国上下,风声鹤唳,北魏佛教受到摧毁性打击而衰败,这就是历史上有名的"太武灭佛",又称"太武法难"、"太武之厄"。

　　废佛事件发生后不久,寇谦之病死,崔浩后来也因撰《魏史》而获罪遭诛。废佛后六年,太武帝被宦官杀害,崇佛的文成帝拓跋濬继位,下诏恢复佛法。在文成帝的推动下,佛教又得以恢复。《佛祖统纪》卷三六:"(元嘉)二十九年,魏文成即位,大复佛法。"

总之,太武时期的两次灭佛,表面上看都是因为佛道之争,其实质都与佛道之争无关,而与儒学有密切的关系,因为灭佛之根源在于胡汉之争,再加之政治上的利益冲突。太武帝时期的北魏官僚系统中,虽然有为数不少的汉族士人,他们自觉不自觉的在推动儒化,但是由于在北魏政权中掌握实权的仍然主要是拓跋贵族,推崇儒学的汉族士人终究没有得其所愿,儒学的发展也始终处于低潮。

周武帝崇儒与建德法难

　　北周武帝宇文邕(543—578)于武成二年(560)即位,当时年仅十七岁。周武帝延续了北魏孝文帝以来重视汉族文化、推崇儒学的传统,继续推行汉化政策,强调儒家礼制建设与儒学教育,灭断佛教,使儒家思想上升到主导地位。

　　周武帝曾多次幸太学,如保定三年(563)戊午"幸太学,以太傅、燕公于谨为三老而问道焉"(《北史·卷十·周本纪下》)。又曾多次给道俗讲儒家经典《礼记》,如天和元年(566)五月庚辰,"帝御正武殿,集群臣亲讲《礼记》"(《北史·卷十·周本纪下》),并下诏曰:"诸胄子入学,但束于师,不劳释奠。"(《周书·武帝纪上》)天和二年(567)八月,"立露门学,置生七十二人"(《周书·武帝纪上》)。天和三年(568)八月癸酉,"帝御大德殿,集百寮及沙门道士等,亲讲《礼记》"(《周书·卷五·帝纪第五》)。天和四年(569)五月己丑,"帝制《象经》成,集百僚讲说"(同上)。

　　周武帝还通过毁弃佛教的方式,以树立儒家文化的正统地位。由于北魏太武帝灭佛事件后,佛教又开始过度发展,侵占了大量的社会资源。据《魏书·释老志》,北魏末年,仅洛阳周围,就有寺院五百多座。东魏末年,全境寺院达三万多所,僧尼二百多万。北周的孝闵帝宇文觉、明帝宇文毓都崇奉佛教。大批田产归寺庙管理,国家的财富也大量流入佛寺,这不仅损害了国家的利益,也损害了世俗地主的利益。周武帝对此深恶痛绝,再者此前有北魏孝文帝延兴三年(473)沙门慧思谋反;又有太和五年(481)沙门法秀谋反。前事不忘,后事之师,周武帝遂有废佛之意,于是开始铺垫,数次召集大臣讨论三教优劣。天和二年(567),卫元嵩上书"省寺减僧",成为北周排佛的主谋者。天和四年(569),北周武帝令道俗议三教先后优劣。先是二月,北周武帝于大德殿召集文武大臣与道士、僧人,共论佛教与《老》、《庄》之义。后于三月十五日,"敕召有德众僧名儒道士文武百官二千余人，帝御正殿量述三教，以儒教为先，佛教为后，道教最上，以出于无名之前，超于天地之表故也。时议者纷纭，情见乖咎，不定而散。"(《广弘明集》卷第八)五天后(三月二十日)，又集道俗讨论三教优劣，"依前集论，是非更广，莫简帝心"。此次辩论不甚合帝意。周武帝曰："儒教、道教，此国常遵。佛教后来，朕意不立。佥议如何？时议者陈理，无由削除。"四月初，又召集道俗讨论，周武帝要求"必须极言陈理，无得面从。又敕司录大夫甄鸾，详度佛、道二教，定其深浅辩其真伪"(《广弘明集》卷第八)。此次论辩为此后不久的武帝毁佛之举做了理论上的准备。天和五年(570)二月，甄鸾上《笑道论》三卷，"笑其三洞之名"，即嘲笑道教经典。五月十日，武帝大集君臣详议甄鸾《笑道论》，认为其伤蠹道法，于殿庭烧毁。九月，僧人释道安上《二教论》。建德二年(573)十二月癸巳，"集群臣及沙门、道士等，帝升高座，辨释三教先后，以儒教为先，道教为次，佛教为后"。(《周书·卷五》)这是第六次大辩论，至此，周武帝明确将佛教排在最后。建德三年(574)，北周武帝诏集佛道二教会集京师，讨论佛教关系。武帝于太极殿陈设高座躬临主持。道士张宾与僧人智炫辩论未胜，武帝亲自上场指斥佛门不净，智炫直揭武帝护短，武帝不悦而退。五月丙子，周武帝称"六经儒教文弘政术，礼仪忠孝于世有宜，故须存立"，而"佛生西，域寄传东夏，原其风教，殊乖中国……朕非五胡，心无敬事，既非正教，所以废之"。慧远和尚厉声抗击说："陛下今恃王力自在，破灭三宝，是邪见人，阿鼻地狱不简贵贱，陛下何得不怖？"周武帝听后大怒曰："但令百姓得乐，朕亦不辞地域诸苦！"(《广弘明集》卷十)于是"初断佛、道二教，经像悉毁，罢沙门、道士，并令还民。并禁诸淫祀，礼典所不载者，尽除之"。一时间，北周境内"融佛焚经，驱僧破塔……宝刹伽兰皆为俗宅，沙门释种悉作白衣"(《周书·卷五·武帝本纪》)。至此，史上最严废佛运动大张旗鼓地开展起来，四万多所寺庙赐给王公作宅第，一切经像皆焚毁之；寺院财产，簿录入官；寺院奴婢，全部释放；僧尼近300万全部勒令还俗。但一个多月以后，周武帝又有所缓和，下令建立通道观，选僧人、道士一百二十人入通道观学习《老》、《庄》、《周易》。此时，僧人靖嵩等300人已逃往南方。这就是我国佛教史上著名的"三武一宗"废佛事件之一的北周武帝灭佛运动，又称"建德法难"。

自周武帝大规模灭佛以来，北方佛教遭受又一次重大打击。周武帝灭佛之根源在于经济和政治上的原因,且视佛道为虚妄,欲重振儒学传统,以儒家思想治国理政。周武帝灭佛时间较长,涉及面广,触动深,通过这次灭佛,国家大权重新集中到皇帝手中,周朝一跃成为大国,儒学也赢得了宝贵的发展空间。

建德五年(576)周军攻下齐重镇并州后,武帝下诏曰:"邹鲁缙绅,幽并骑士,一介可称,并宜铨录。"建德六年(577),东平齐国,周武帝九月壬辰,"诏东土诸州儒生,明一经以上,并举送,州郡以礼发遣"(《周书·卷六·武帝纪下》)。周武帝求贤若渴,征阳休之、卢思道、颜之推、李德林、薛道衡等十八名北齐文士随驾至长安。建德六年,武帝有意恢复佛教,然未及敕令即逝。北周宣帝大成元年(579)二月,邺城王明广上书驳卫元嵩毁法表文(当时佛僧多以为毁佛盖与此表有极大关系),请求恢复佛教。汤用彤认为"宣、静二帝之复教,疑实出丞相杨坚之意。故佛法再兴,实由隋主也"[1]。

周武帝重视的两个儒学大家,一个是沈重,一个是熊安生。武帝即位后,派遣柳裘到梁征聘沈重,并致书曰:"皇帝问梁都官尚书沈重。观夫八圣六君,七情十义,殊方所以会轨,异代于是率由。莫不趣大顺之遥涂,履中和之盛致。及青绲起焰,素篆从风,文逐世疏,义随运舛,大礼存于玉帛之间,至乐形于钟鼓之外。知卿学冠儒宗,行标士则。卞宝复润于荆阴,随照更明于汉浦。是用寤寐增劳,瞻望轸念。爰致束帛之聘,命翘车之招。所望凤举鸿翻,俄而萃止。明斯隐滞,合彼异同。上庠弗坠于微言,中经罔阙于逸义。近取无独善之讥,远应有兼济之美。可不盛欤。"(《周书》卷四十五)可见周武帝言辞恳切。保定末年,沈重至京,奉诏"讨论《五经》,并校定钟律"。天和(566—572)中,"复于紫极殿讲三教义。朝士、儒生、桑门、道士至者二千余人"(同上)。熊安生为当时大儒,弟子自远方至者千余人,闻周武帝入邺,遽令其家人扫门,家人怪而问之,安生曰:"周帝重道尊儒,必将见我"(《周书》卷四十五)。后周主果幸其家,亲执其手,引与同坐。

周武帝复兴儒学的一系列政策使儒学在北朝的发展盛于南朝,为消除民族隔阂、促进民族融合提供了文化条件。《周书》评曰:"帝于是服衮

---

① 汤用彤:《汉魏两晋南北朝佛教史》,中华书局 1983 年版,第 393 页。

冕,乘碧辂,陈文物,备礼容,清跸而临太学。祖割以食之,奉觞以酳之。斯固一世之盛事也。其后命辒轩以致玉帛,征沈重于南荆。及定山东,降至尊而劳万乘,待熊生以殊礼。是以天下慕向,文教远覃。衣儒者之服,挟先王之道,开黉舍延学徒者比肩;励从师之志,守专门之业,辞亲戚甘勤苦者成市。虽遗风盛业,不逮魏、晋之辰,而风移俗变,抑亦近代之美也。"(《周书》卷四十五)尽管周武帝废除佛道之举并未完全达到独尊儒术的效果,而是融通了三教,但因坚持以儒学为治国纲领,故北周的治国政策为多元文化一体化的形成起到了推动作用。

灵魂存灭问题论争

灵魂存灭论争是指盛行于南北朝思想界的一个重要论题，主要发生在儒佛之间，是关于佛教徒与排佛者（包括一般无神论者）间，有关神（灵魂）是否因死亡而灭绝的争辩。主张人死即形神俱灭，是为"神灭论"；反之，主张人虽死，而灵魂（神）仍存，即"神不灭论"。

关于人的形体死亡后，精神是否依然存在的问题，自先秦时期就一直在讨论。两汉时期佛教传入，这一问题又与三世轮回、因果报应、法身、佛性等佛教教义相融合。牟子《理惑论》云："魂神固不灭矣，但身自朽烂耳。身譬如五谷之根叶，魂神如五谷之种实，根叶生必当死，种实岂有终亡？"最先明确说明"神不灭"论的观点。儒佛之间灵魂存灭问题的论争首先发生在孙盛与罗含之间。

孙盛，字安国，生卒年不详，东晋时期史学家、名士。罗含（292—372），字君章，东晋思想家。二人为好友。罗含受佛教思想影响，信仰佛教，曾著《更生论》以宣扬神不灭论。该文大约作于东晋穆帝永和六年至废帝太和四年。在文中，罗含指出，世间的人与物各有自己的"定数"，它们"聚散隐显，环转于无穷之途"，最终"还复其物"、"与运泯复"，且"自然相次，毫分不差"，这就是"更生"，也就是轮回。故"天地虽大，浑而不乱；万物虽众，区已别矣。各自其本，祖宗有序，本支百世，不失其旧"。万物各有其性，故"凡今生之为即昔生，生之故事即故事……今谈者徒知向我非今，而不知今我故昔我。尔达观者，所以齐死生，亦云死生为寤寐"（《弘明集》卷五）。孙盛针对罗含的"神不灭论"观点，著《致罗君章书》以反对《更生论》，其文曰："省《更生论》，括囊变化，穷寻聚散，思理既佳。又指味辞致亦快，是好论也。然吾意犹有同异。以令万物化为异形者，不可胜数，应理不失，但隐显有年载。然今万化犹应多少有，还得形者无。缘尽当须冥远，耳目不复开逐，然后乃复其本也。吾谓形既粉散，知亦如之，纷错混淆,化为异物。他物各失其旧,非复昔日,此有情者所以悲叹。若然则足下未可孤以自慰。"孙盛明确指出"形既粉散,知亦如之",形体与精神一起消亡,则"物各失其旧,非复昔日",没有哪一个人能够死后更生,"还复其物"。孙盛其文虽短,却将他坚守传统儒家人文主义传统和无神论的观点极为鲜明的表达出来,这是魏晋南北朝儒学发展中极为宝贵的因素。

罗含收到孙盛的信后,又回复一封信,表达自己的观点,其文曰:"本亦不谓物都不化,但化者各自得。其所化颓者,亦不失其旧体。孰主陶是,载混载判,言然之至分而不可乱也。如此岂徒一更而已哉,将与无穷而长更矣,终而复始,其数历然。未能知今,安能知更。盖积悲妄言,咨求所通,岂云唯慰聊以寄散而已矣。"(《弘明集》卷五)对于孙盛的质疑,罗含依然坚持自己的观点。他从哲学的高度指出,所谓"本"并非万物都不变化,但是化者"各自得",皆有自己的本性,即便是朽坏者,仍不失其原来的本体。其变化将终而复始,故不是一次更生而止,"将与无穷而长更矣"。正因为罗含"更生论"与佛教轮回说的高度一致性,故其文被收集在《弘明集》第五卷,凡是研究佛教的著作,无不提到罗含的《更生论》。罗含与孙盛的辩难,拉开了魏晋时期儒佛之争的序幕。

东晋安帝在位期间,桓玄总揽朝政,于元兴二年(403 年)颁布政令,要求沙门弟子对君王行跪拜礼。大约东晋元兴三年(404 年),针对桓玄颁布的政令,东晋慧远著《沙门不敬王者论》,并在其中的第五篇,提出"形尽神不灭"说,结合儒家思想,展开了对"形尽神灭"论的批判。慧远(334—416)家世儒学,少时"博综六经,尤善庄老",后听道安讲《般若经》,发出"儒道九流皆糠秕"的感叹,后出家学佛,专志修道弘法,成为当时佛教领袖。在《形尽神不灭》一文中,慧远以一问一答的方式说明,灵魂是万物之精粹,物形变化而本体不变,所以灵魂不灭,永生长存。慧远指出:"夫神者何耶? 精极而为灵者也。精极则非卦象之所图,故圣人妙物而为言,虽有上智,犹不能定其体状,穷其幽致。而谈者以常识生疑,多同自乱,其为诬也亦已深矣。将欲言之,是乃言夫不可言,今于不可言之中,复相与而依稀。"神超出了经验范围,非人之常识和世俗智慧所能把握,故不可言说。"夫情数相感,其化无端,因缘密构,潜相传写,自非达观,孰识其变? 自非达观,熟识其会?"情欲与生命形质互相感应,使生命流转变化无端;因缘密切结合,使神在冥冥之中互相传感。就像薪火相传,火能从一根柴上传到另一根柴上，精神也可以从一个形体转到另一个形体："火之传于薪，犹神之传于形；火之传异薪，犹神之传异形。惑者见形朽于一生，便以为神情俱丧，犹睹火穷于一木，谓终期都尽耳。"

慧远的弟子，刘宋宗炳又著《明佛论》（一称《神不灭论》），提出"精神不灭，人可成佛"之说，进一步阐扬灵魂不灭之理。文中提到："若使形生则神生，形死则神死，则宜形残神毁，形病神困。据有腐则其身，或属圹临尽，而神意平全者；及自牖执手，病之极矣，而无变德行之主，斯殆不灭之验也。若必神生于形，本非缘合。今请远取诸物，然后近求诸身。夫五岳四渎谓无灵也，则未可断矣。若许其神，则岳唯积土之多，渎唯积水而已矣。得一之灵，何生水土之粗哉？而感托岩流，肃成一体，设使山崩川竭，必不与水土俱亡矣。神非形作，合而不灭，人亦然矣。神也者，妙万物而为言矣。若资形以造，随形以灭，则以形为本，何妙以言乎？夫精神四达，并流无极，上际于天，下盘于地。圣之穷机，贤之研微。速于宰、赐、庄、稽、吴札、子房之伦，精用所乏，皆不疾不行，坐彻宇宙。而形之臭腐，甘嗜所资，皆与下愚同矣，宁当复禀之以生，随之以灭耶？又宜思矣。周公郊祀后稷，宗祀文王，世或谓空以孝。即问谈者，何以了其必空？则必无以了矣。苟无以了，则文、稷之灵，不可谓之灭矣。斋三日，必见所为斋者。宁可以常人之不见，而断周公之必不见哉？"宗炳得出结论："天地有灵，精神不灭，明矣。"

南朝宋郑鲜之（364—427）撰《神不灭论》以反对桓谭薪火之喻。他吸收慧远"形尽神不灭"的佛学思想，提出"火理"的理念，认为薪虽所以生火，而非火之本。薪有灭，火理却永恒存在，火本自在，因薪为用耳。郑鲜之以此攻击"形神同灭"的神灭论。《全宋文》卷二十五录其全文："多以形神同灭，照识俱尽，夫所以然，其可言乎。十世既以周孔为极矣，仁义礼教，先结其心，神明之本，绝而莫言，故感之所体，自形已还，佛唱至言，悠悠弗信，余坠弱丧，思拔沦溺，仰寻玄旨，研求神要，悟夫理精于形，神妙于理，寄象传心，粗举其证，庶鉴诸将悟，遂有功於滞惑焉。夫形神混会，虽与生俱存，至于粗妙分源，则有无区异，何以言之？夫形也，五脏六腑，四肢七穴，相与为一，故所以为生；当其受生，则五常殊授，是以肢体偏病，耳目互缺，无夺其为生，一形之内，其犹如兹，况神体灵照，妙统众形，形与气息俱运，神与妙觉同流。虽动静相资，而精粗异源，岂非各有其本，相因为用者邪？近取诸身，即明其理，庶可悟矣。一体所资，肌骨则痛痒所知，爪发则知之所绝，其何故哉？岂非肌骨所以为生，爪发非生之本也。生在本则知存，生在末则知灭。一形之用，犹以本末为兴废，况神为生本，其源至妙，岂得与七尺同枯，户牖俱尽者哉。推此理也，则神之不灭，居可知矣。"

此时，僧人慧琳著《白黑论》，站在儒家立场批判佛教性空说，慧琳虽为僧人，却讥佛教剖析渺茫，去事实甚远，特别对佛教"来生说"多有讥评。他指出，佛教所讲灵魂、幽冥地狱之说，毕竟是个空无，所以灵魂不能永存。认为说空不妨碍万物的实有。论中假设"白学"先生（喻儒、道）与"黑学"先生（喻佛教）相互辩难，并论及孔、佛之异同。主张六度与五教并行，信顺与慈悲齐立，二者"殊涂而同归"，故此文又名《均善论》或《均圣论》（《高僧传》卷七《道渊传》）。此论一出，便遭到佛徒的围攻，被视为"异端"。但他的说法得到天文学家何承天的支持，何将此论送给笃信佛教的宗炳（375—443），并与宗炳展开关于有佛无佛的辩论。

何承天写了《达性论》、《报应问》，批评佛教有神论和报应说，主张无神论。何承天用儒家三才说对抗佛教的众生说，对因果报应提出质疑。他论证说，人有生必有死，肉体死，魂自散，如春荣秋落，四季更替，认为生死乃自然现象，形灭则神散，精神不可能从一个体移至另一个体，故主张"神灭"，根本否定灵魂永存。由此，引发双方写了不少文章，进行长时间的辩论，互不相让。

宋文帝元嘉十二年（435），笃信佛教的颜延之（384—456）也参加了与何承天的论辩，并写了《折达性论》、《重释何衡阳》等文，以驳斥何承天，宣扬佛教有神论和报应说，如说：人死之后，"精灵必在"，"异与草木"，必当再"受形"。（《折达性论》）宗炳也著《明佛论》，以"广其宗"，说"佛国之伟，精神不灭，人可成佛，心作万有"。颜延之和宗炳的论调深得文帝的欣赏，文帝对何尚之说：此二论（即颜延之的《折达性论》和宗炳的《明佛论》）"并明达至理，开奖人意。若率土皆淳此化，则朕坐致太平矣①"。

至齐末，范缜（约450—515）撰写了著名的《神灭论》，从理论上对神不灭说进行了有力的批驳，再度掀起了争论的高潮。范缜是竟陵王萧子

---

① 在《佛祖统纪》卷三六。《达性论》载《弘明集》卷四，《明佛论》载《弘明集》卷二，《白黑论》，见《宋书》卷九七《天竺迦毗黎传》。

良的属官,而萧子良喜好宴客,故其门下云集八方才子。永明五年(487),萧子良开西邸,召文学之士,如范云、萧琛、任防、王融、萧衍、谢朓、沈约、陆任等共游,时号"八友"。柳恽、王僧孺、江华、孔休源、范缜亦与之游,另有僧尼玄畅、僧柔、意次、慧基、法安、法度、宝志、法献、僧祐、智称、道禅、法护、法宠、僧文、智藏等皆游于是处。拥佛者与反佛者互相辩难。萧子良质问范缜:"君不信因果,世间何得有富贵,何得有贱贫?"萧子良以佛教因果论释社会生活中的富贵贫贱现象,且以此诘难范缜。范缜以偶然论予以驳斥:"人之生譬如一树花,同发一枝,俱开一蒂,随风而坠,自有拂帘幌坠于茵席之上,自有关常墙落于粪混之侧。坠茵席者,殿下是也;落粪混者,下官是也。贵贱虽复殊途,因果竟在何处?"萧子良难以说服范缜。太原王琰批判范缜:"呜呼范子! 曾不知其先祖神灵所在。"范反驳:"呜呼王子! 知其祖先神灵所在,而不能杀身以从之。"范缜力主无佛,坚持"神灭"的立场。此次辩论后不久,范缜"退论其理,著《神灭论》"。

梁武帝天监六年(507),范缜由外谪召回任中书令,写就《神灭论》,对驳斥佛家神不灭说非常有力。范缜放弃前人"薪火之喻"和"烛火之喻",代之以"刃"和"利"来比喻形神关系。范缜以问答的形式说明,没有刀刃,就没有锋利,锋利只是刀刃的一种属性,依赖于刀刃而存在。同样,形体与精神的关系也是如此,没有形体,精神也就不存在了。范缜的外弟萧琛不同意范的说法,作《难神灭论》,把原论三十一条逐段引来加以驳难。范缜断言:"神即形也,形即神也,是以形存则神存,形谢则神灭也。"又云:"形者,神之质;神者,形之用。是则形称其质,神言其用,形之与神不得相异。"范缜极力阐扬形神一体,论争主要发生在范缜和曹思文等人之间,但是许多信奉佛教之士如梁武帝、萧琛、沈约等人,皆著书批驳其说。沈约作《答释法云难范缜〈神灭论〉》:"神本不来,久所服膺。神来之谈,良用骇惕,近约法师殿内出亦蒙敕答臣下一本,欢受顶戴,寻览忘疲。岂徒伏斯外道,可以永摧魔众。孔释兼弘,於是乎在。实不刊之妙旨,万代之舟航。弟子亦即彼论,微厝疑核。比展具以呈也,沈约呈。"(《弘明集》卷十)但诸文都被范缜予以反驳,故范缜说他自己:"辩摧众口,日服千人。"范缜从形神相即出发,推翻了过去认为形神分离的观点,无论在当时还是在后世,影响都是非常大的。曹思文从两个方面加以问难,首先是神形相即,其次是宗庙祭祀。如范缜说孝道只是圣人设教,以表达孝子之心而已。曹思文反问,如果宗庙祭祀只是圣人为了说教的方便,则不仅是欺人,甚至是欺天了。如此一来,儒家礼教必然会遭到佛教的攻击,从而动摇国家的根本。

范缜在回答曹思文的问难时,用了一个比喻,"如蛩駏相资,废一则不可",来说明"形神相即"的观点,即形体和精神是统一的整体,而不是两个单独的物质。如此一来就彻底否定了佛教"神不灭"论者的"形神不共亡"的形神观。

范缜"形质神用"的观点直接动摇了佛教的基本理论,就连梁武帝也认为范缜的理论"违经背亲,言诚可息"。这次辩论让儒佛对形神关系的认识更加深了一步。虽然梁武帝曾经通过大僧正法云,调动了王公朝贵六十二人,来反驳范缜的言论。而就范缜本人来说,其实他并没有完全驳倒佛家神不灭之说。其中一个重要原因,就是佛家有许多与此相关的理论,并不是只凭简单一文就能解决的。

至南朝梁代以后,虽亦有关于形神关系的探讨和争论,但在中国佛教史中已不居重要地位。东魏杜弼(490—559)与邢邵(496—569)从齐文宣帝游东山,共论名理,邢邵主神灭之说,杜弼驳之。《北齐书》卷二十四《杜弼传》:"尝与邢劭邑从东山,共论名理,邢以为人死还生,恐为蛇画足。"邢邵认为人死了还会转生,恐怕是画蛇添足。杜弼答曰:"盖谓人死归无,非有能生之力。然物之未生,本亦无也,无而能有,不以为疑。因前生后,何独致怪?"杜弼认为,没有却能会有,不会产生怀疑,因为前面的孕育了后来的。邢邵认为,"圣人设教,本由劝奖,故俱以将来,理望各遂其性"(《北齐书》卷二十四)。圣人创设礼仪教义,本来是为了劝勉奖励世人,所以惧怕死了还会转生,只希望万物各随原来的性情。杜弼认为,"圣人合德天地,齐信四时,言则为经,行则为法",怎么会以虚无的说教去衡量万物,用诡诈的言词劝勉人们。设教陶冶性情,弘扬好风气,"此即真教,何谓非实"? 邢邵云:"死之言澌,精神尽也。如射箭尽,手中尽也。《小雅》曰'无草不死',《月令》又云'靡草死',动植虽殊,亦此之类。无情之卉,尚得还生,含灵之物,何妨再造。若云草死犹有种在,则复人死亦有识。识种不见,谓以为无者。神之在形,亦非自瞒,离朱之明不能睹。虽蒋济观眄,贤愚可察。锺生听曲,山水呈状。乃神之工,岂神之质。犹玉帛之非礼,钟鼓之非乐,以此而推,义斯见矣。"杜弼认为,人死了,骨肉埋在土里,魂灵则无所不至,这便是形体坠毁,魂魄游动,哪里都可以到达。因为灵魂存在,所以说人死了还会无所不至。如果说人死了什么都没有了,灵魂将会到哪里去呢? 所以"骨肉下归于土,魂气则无不之,此乃形坠魂游,往而非尽。如鸟出巢,如蛇出穴。由其尚有,故无所不之。若令无也,之将焉适?"邢邵说,灵魂对于人来说,就像烛光对于蜡烛,蜡烛燃尽则光亮就会灭掉,人死了灵魂就会消失。杜弼曰:"烛则因质生光,质大光亦大。人则神不系于形,形小神不小。故仲尼之智,必不短于长狄。孟德之雄,乃远奇于崔琰。神之于形,亦犹君之有国。国实君之所统,君非国之所生。不与同生,孰云俱灭?"如此往来辩论。后来,他与邢邵通信,前后信札往返再三,直到邢邵理屈词穷才停止。

魏晋南北朝时期形神观的论难,是无神论与有神论的交锋,其实质为儒佛不同的形神观的对抗。从一开始的有神论,认为神主宰形,至形主神从的观点,形神观发生了巨大的变化,即由原来争论形神一致性的问题,至魏晋以后发展为形神何者为第一性的问题。这次讨论,不仅使人类寻求智慧的脚步前进了一大步,促进了整个文明社会的发展,同时为儒佛论争提供了新的视角。

孝悌与出家

孝道思想是儒家学说的根本基础,孝悌一直以来被视为做人为学的根本。《孝经》中的"夫孝,天之经,地之义,民之行也"被中国人视为确信不疑的固有观念,"身体发肤,受之父母,不敢毁伤",这是行孝尽孝的开始。而佛教教义与教规如剃头、出家、不婚娶等,与中国传统礼仪规范及风俗习惯截然相反,故自汉代佛教传入中国,佛教徒言行举止一直被儒者视为异端。

早在汉代,托名牟子的《理惑论》就指出佛教始祖释迦牟尼"以父之财施与远人,国之宝象以赐怨家,妻子丏与他人",这样的行为是"不敬其亲而敬他人","不爱其亲而爱他人"。且沙门剃头,"何其违圣人之语,不合孝子之道也。"儒家认为"福莫逾于继嗣,不孝莫过于无后",而沙门不婚不娶,完全违背福孝之行,背离儒家正统,故其行为方式应受到严厉斥责。《理惑论》中辩护者指出,佛教教义与尧舜周孔之道并不相违,佛教徒归心事佛,修养自身,使"父母兄弟皆得度世",这就是儒家所说的"至德"。至于沙门剃头、弃家不婚等小节,没必要拘守,故佛家"舍家财、弃妻子、不听音、不视色"等行为与儒家圣人所提倡的孝道精神完全一致。

至魏晋时期,对佛教的质疑仍然限定于外在形象及戒规等表面的东西,并且把儒家认为天经地义、不言自明的公理作为评判标准。这也说明本土文化在面对外来文化时存在着内在的优越感。东晋孙绰《喻道论》即针对沙门的形貌和外在表现,立足于华夏正统的地位,批评佛教的教义教规与传统儒家观念习俗大相径庭,该文以惑者口吻说:"周孔之教,以孝为首。孝德之至,百行之本。本立道生,通于神明。故子之事亲,生则致其养,没则奉其祀。三千之责,莫大无后,体之父母,不敢夷毁。是以乐正伤足,终身含愧也。而沙门之道,委离所生,弃亲即疏,刜剔须发,残其天貌。生废色养,终绝血食。骨肉之亲,等之行路。背理伤情,莫此之甚。而云弘道敦仁,广济群生,斯何异斩刈根本而修枝干,而言不殒硕茂?未之闻见,皮之不存,毛将安附。此大乖于世教。子将何以祛之。"答者指出,如果只是在饮食、生活方面礼敬父母,而不能给父母带来更大的尊荣,就不能算是尽了孝道。佛教主张出家修行,表面上看,是离家疏亲,但实际上可以荣亲耀祖,故不能算是违背孝道。

　　东晋僧人慧远法师在《沙门不敬王者论》中指出,佛教僧人属"方外之宾,迹绝于物",故不能用世俗的礼法来约束出家人的行为。方外之教规是"变俗以达道",故出家之人"内乖天属之重而不违其孝,外阙奉主之恭而不失其敬"。在家佛教徒则应当遵循世俗之礼,像"奉上之礼,尊亲之敬,忠孝之义"皆应遵守。儒家的孝是在家修道,佛教的孝则是"出家修道",二者同宗而异路。

　　由以上辩难可以看出,佛教学者认识到,儒家的忠孝伦理是中国传统社会的主导价值,佛教如果想在儒家文化占主导的思想环境中立足,就需要至少在表面问题上与本土文化达成谅解。孝道问题遂成为佛教初传入中国时必须要解决的首要问题。在这个问题上,佛教徒做的非常到位,不仅大量改动、甚至不惜歪曲教义以迎合儒家孝道伦理。最终,佛教屈从了儒家主流伦理规范要求。

　　东晋以后,佛教的发展壮大已经造成严重的社会问题,儒佛对立日趋激烈,二者在孝道争论时开始结合政治、经济、社会现实等问题,儒家对于佛教的批判转移到是否有助"王化"这一核心问题上,孝道之争就不再那么重要了。如梁武帝时郭祖深上疏指责佛教僧徒太众,"皆不贯人籍,天下户口几亡其半",且信佛者"不务农桑,空谈彼岸",如此下去"恐方来处处成寺,家家剃落,尺土一人,非复国有"(《循吏传》)。荀济持同样观点,认为佛教"使家家弃其亲爱,人人绝其嗣续","浮屠害政,桑门蠹俗",两人都主张取缔佛教(《儒林传》)。北魏宣武帝时李玚、北齐儒者章仇子佗都上奏指责"胡妖乱华,背君叛父,不妻不夫,故应禁止"(《叙列代王臣滞惑事》)。北魏太武帝灭佛时的理由是"政教不行,礼义大坏"(《释老志》),北周武帝灭佛的理由也是认为佛教有碍社会正常秩序(《释老志》)。尽管佛教尽量调和儒佛观念,但是当触及到利益问题,统治阶层就会动用国家政权的力量来打击佛教。至南北朝时期,北齐颜之推概括当时反佛言论为"五谤"(《归心篇》),并没有谈到僧徒的形迹问题,可见此时儒佛争论不再拘泥于表面的纠缠。至于佛教徒仍然保留了剃头、出家、不婚娶等教规，说明这些已经不是儒佛争论的关注点，而转向对于教义、理论等深层次问题的探讨。

因果报应论争

　　儒佛二家在因果报应问题上也存在着不同观点。儒家认为,人之善恶吉凶归根结底取决于天命,故《尚书·汤诰》说:"天道福善祸淫。"为善则降之以福,作恶则降之以祸,福善祸淫,天之常道。《易经》也说:"积善之家必有余庆,积不善之家必有余殃。"君子也有穷困之时,但是穷而不苦,穷而不贱,安贫乐道,德泽后世。佛教则认为,这一切都是因果报应所支配。儒佛因果报应论争以儒家学者戴逵与佛教高僧慧远为代表。

　　戴逵(326—396),字安道,东晋经学家、无神论者。慧远(334—416),俗姓贾,东晋僧人,净土宗始祖,精通佛学及儒学、老庄思想。戴逵作为一个纯粹的儒家学者,所交好的名士多是奉佛之人。戴逵先后作《释疑论》、《答周居士难释疑论》等文,针对佛教善恶报应论,与慧远展开过多次激烈辩论。在《释疑论》中,戴逵质疑佛教的"善恶报应"说,并把文章送到庐山慧远处。该文作于晋孝武帝太元十八年(393),其文以安处子与玄明先生的对话说明观点,安处子的问题是:"圣人为善,理无不尽,理尽善积,宜历代皆不移,行无一善,恶恶相承,亦当百世俱暗。是善有常门,恶有定族,后世修行,复何益哉?又有束修履道,言行无伤,而天罚人楚,百罗备婴,任性恣情,肆行暴虐,生保荣贵,子孙繁炽。推此而论,积善之报,竟何在乎?"戴逵表达了他对"积善积恶之谈"的怀疑,认为"贤愚善恶修短穷达,知有分命"。戴逵根据大量的历史事实证明,善人不一定有善报,恶人不一定有恶报,并引用司马迁所言"天之报施善人何如哉",因果报应。得不到验证,发出"积善之报,竟何在乎"之问。戴逵以玄明先生之口说:"贤愚善恶,修短穷达,各有分命,非积行之所致也。……积善积恶之谈,盖施于劝教耳。"(《广弘明集》卷二十)戴逵作《与远法师书》说明《释疑论》写作目的:"弟子常览经典,皆以祸福之来由于积行,是以自少束修,至于白首,行不负于所知,言不伤于物类,而一生艰楚,荼毒备经,顾景块然,不尽唯已。

夫冥理难推,近情易缠。每中宵幽念,悲慨盈怀,始知修短穷达,自有定分,积善积恶之谈,盖是劝教之言耳。近作此《释疑论》,今以相呈,想消息之余,脱能寻省。"(《广弘明集》卷二十)戴逵以亲身经历说明,中国传统所谓善恶有报以及佛教所谓因果报应,只是为了劝人行善,并没有什么事实根据。

被誉为"寻阳三隐"之一的周续之(377—423)见此论后,作《难释疑论》,指出报应赏罚无所不在,"是以古之君子,知通否之来,其过非新,贤愚寿夭,兆明自昔,楚穆以福浓获没,蔡灵以善薄受祸,郗宛以衅深莫救,宋桓以愆微易唱。故洗心以怀宗,练形以闻道,拔无明之沈根,翳贪爱之滞网,不祈验于冥中。影向自徼,不期存于应报,而庆罚以彰,故能反步八极,水镜万有。"周续之以事实证明,存在善恶报应。

晋孝武帝太元十九年(394),戴逵与慧远、周续之又反复辩论佛教因果报应说,结果是谁也说服不了谁。慧远著《三报论》,并写信回复戴逵,送周续之难论,其文曰:"释慧远顿首。省君别示,以为慨然。先虽未善想患(相悉),人物来往,亦未始暂忘。分命穷达,非常智所测。然依傍大宗,似有定检。去秋,与诸人共读君论,亦并有同异。观周郎作答,意谓世典与佛教,粗是其中。今封相呈,想暇日能力寻省。"慧远对戴、周之论进行了总结,论证了报应的内涵深广,并非仅限于一生一世,这就超越了中国传统典籍中注重现实的传统,似乎是无法攻破的理论。但是这些辩难并未改变戴逵的观点,他又作《释疑论答周居士难》,以"分命"说对抗佛教因果报应说,把人的善恶看成是先天注定而无法改变的本性,戴逵指出:"善恶生于天理,是非由乎人心。因天理以施教,顺人心以成务,故幽怀体仁者,挹玄风而载悦,肆情出辙者,顾名教而内揪,功玄物表,日用而忘其惠,理蕴冥寂,涛之不见其宗,非违虚教以眩于世也。"戴逵认为,善恶有定,不由干积行,寿夭各有分命,"若夫福浓获没,衅深莫救,此则报应之来"。戴逵指出:"人之生也。性分夙定,善者自善,非先有其生,而后行善,以致于善也。恶者自恶,非本分无恶,长而行恶,以得于恶也。故知穷达善恶,愚智寿夭,无非分命,分命玄定于冥初,行迹岂能易其自然哉?天网不失,隐见微显,故是劝教之言耳,非玄明所谓本定之极致也。既未悟妙推之有宗,亦何分明之可审乎?将恐向之先觉,还为后悟矣。"(《广弘明集》卷二十)

　　戴逵上文与《重与远法师书》一同寄给慧远，周续之作《周居士书》，慧远则作第二封《远法师书》，认为戴逵之蔽在于"现验"，即人们长期以来习惯于常识性思维，"因俗人疑善恶无现验作"，而"世典以一生为限，不明其外"，一生之外未明，故无法验证三世报应。其文曰："见君与周居士往复，足为宾主。然佛理精微，难以事诘，至于理玄数表、义隐于经者，不可胜言。"其后，慧远作《三报论》，详细阐述了佛教三世报应理论。慧远指出："经说业有三报：一曰现报，二曰生报，三曰后报。现报者，善恶始于此身，即此身受；生报者，来生便受；后报者，或经二生、三生、百生、千生，然后乃受。受之无主，必由于心，心无定司，感事而应。应有迟速，故报有先后。先后虽异，咸随所遇而为对，对有强弱，故轻奉不同，斯乃自然之赏罚，三报之大略也。"慧远针对当时人所质疑的"积善而秧集"、"凶邪而致庆"的现象，强调"此皆现业未就，而前行始应。故曰祯祥遇祸，妖孽见福，疑似之嫌"，所谓"积善之无庆，积恶之无殃。感神明而悲所遇，慨天殃之于善人"，原其所由，是因为"世典以一生为限，不明其外。其外未明，故寻理者自毕于视听之内，此先王即民心而通其分，以耳目为关键者也"。慧远指出，人们无法在现世验证善恶报应，而应前推后移，从而在理论上得以自圆其说，解决了"以一生为限"的因果报应说之局限性。提出佛教"报通三世"的业报论的合理性，从根本上消除对佛教因果报应说的怀疑，阐明了业报论在佛法上的深义，从理论上实现了儒家因果论与佛教业报论的结合。戴逵复书《答远法师书》，指出《三报论》"旨喻宏远，妙畅理宗"，但是"三报旷远，难以辞究"。（《广弘明集》卷二十）晋孝武帝太元二十年（395），戴逵病卒，儒佛因果报应论争告一段落。

沙门是否敬拜王者之争

儒佛争论的一个核心问题,就是沙门应不应该敬拜王者。佛教教义规定,佛教徒只跪拜佛祖释迦牟尼,其他世俗之人,包括父母帝王都不行跪拜礼。而在中国传统社会,以儒家忠孝为核心的纲常礼教对皇帝与臣民的身份地位做了严格的规定,皇帝乃一国之君,凡属下臣民皆应绝对服从虔诚敬拜。

佛教最初传入时,中原人士对佛教教义教规的了解并不多。吴赤乌五年(238),吴主孙权问佛教与儒、道优劣的问题,阚泽指出:"若以孔老二教比方佛法,远则远矣,所以然者,孔老二教,法天制用,不敢违天;诸佛设教,天法奉行,不敢违佛。以此言之,实非比对。"(《弘明集》卷一)依照佛教的基本教义,僧人出家不在三界之内,超出世俗政权的统治之外,不受世俗之礼的约束,见了皇帝也无须跪拜。而据儒家忠君孝亲观念,僧人亦为臣民,当然需要致敬王者,由此就产生了沙门是否应当敬拜王者的辩论。至东晋之前,因出家者大多为外来僧人,故这一问题并不突出。至东晋以后,本国僧侣及在家信徒大量增多,沙门是否拜俗的问题就成为佛教与世俗矛盾的焦点问题。东晋至南北朝时期共发生过三次比较有代表性的论争,以下简要叙述:

第一次是东晋成帝咸康六年(340),庾冰辅政,奏请沙门应尽礼王者,引起极大争议。此事记载于《佛祖历代通载》卷六:"成康六年,成帝幼冲,庾冰以元舅辅政,奏沙门应尽礼王者。尚书令何充等议,不应致拜,下礼官详议,博士议与充合,而门下承冰风旨为驳。尚书令充、仆射褚翌、诸葛恢、尚书冯怀、谢广等奏曰:'世祖武皇帝,以盛明革命。肃祖明皇帝,聪圣玄览,岂于时沙门不易屈膝。顾以不变其修善之法,所以通天下志也。臣等谓,宜遵承先帝故事,于义为长。'"

庾冰(296—344),字季坚,据《晋书·庾冰传》,其人"好为纠察,近于

95

95

繁细"。成帝年幼,庾冰以元舅身份辅政。是年,庾冰向皇帝奏:僧人应该遵从礼教,敬拜王者,并代晋成帝起草了《令沙门致敬诏》,诏文曰:"夫万方殊俗,神道难辨,有自来矣。达观傍通,诚当无怪;况跪拜之礼,何必尚然。当复原先王所以尚之之意,岂直好此曲折而坐遘盘辟哉?固不然矣。因父子之敬,建君臣之序,制法度,崇礼仪,岂徒然哉?良有以矣。既其有以,将何以易之?然则名礼之设,其无情乎?且今果有佛耶?将无佛耶?有佛耶,其道固弘;无佛耶,义将何取?即其信然,将是方外之事;方外之事,岂方内所体,而当矫形骸,违常务,易礼典,弃名教?是吾所甚疑也。名教有由来,百代所不废;昧旦丕显,后世犹殆。殆之为弊,其故难寻;而今当远慕茫昧,依稀未分,弃礼于一朝,废教于当世,使夫凡流,傲逸宪度,又是吾所甚疑也。纵其信然,纵其有之,吾将通之于神明,得之于胸怀耳。轨宪宏模,固不可废之于正朝矣。凡此等类,皆晋民也;论其才智,又常人也;而当因所说之难辨,假服饰以陵度,抗殊俗之傲礼,直形骸于万乘,又是吾所弗取也。诸君并国器也,悟言则当测幽微,论治则当重国典。苟其不然,吾将何述焉。"

诏书从两个方面指出佛教徒应敬拜王者,其一是"因父子之敬,建君臣之序","名教有由来,百代所不废"。即从社会效用上说明,如不跪拜,则是"弃礼于一朝,废教于当世",损害了礼仪法制的权威,是"矫形骸,违常务,易礼典,弃名教",故"不令致拜,于法无亏"。其二是指出,信仰乃方外之事,不能在方内给予特权,故方内的礼仪同样适用于沙门。佛教徒所谓沙门不敬王者就是忤逆,绝对不能容忍。

东晋重臣、尚书令何充强烈反对沙门敬拜王者,并作《奏言沙门不应尽敬王者》三篇,与褚翌、诸葛恢、冯怀、谢广等联名上奏,以出世间法为说,认为佛教五戒之禁,实助王化;奉上崇顺,出于自然,只尊佛门五戒,亦属尽礼,故反对让沙门尽敬王者。其文曰:"臣等暗短,不足以赞扬圣旨宣畅大义。伏省明诏,震惧屏营,辄共寻详,有佛无佛,固非臣等所能定也。然寻其遗文,钻其要旨,五戒之禁,实助王化,贱昭昭之名行,贵冥冥之潜操,行德在于忘身,抱一心之清妙。且兴自汉世,迄于今日,虽法有隆衰,而弊无妖妄,神道经久,未有比也。夫诅有损也,祝必有益,臣之愚诚,实愿尘露之微,增润嵩岱,区区之况,上俾皇极,今一令其拜,遂坏其法。令修善之俗,废于圣世,习俗生常,必致愁惧。隐之,臣心窃所未安。臣虽蒙蔽岂敢以偏见疑误圣听？直谓世经三代，人更明圣，今不为之制，无亏王法，而幽冥之格，可无壅滞。是以复陈愚诚，乞垂省察。"

庚冰又重代晋成帝拟诏曰："省所陈具情旨。幽昧之事，诚非寓言所尽，然其较略，及夫人神之常度，粗复有分例耳。大都百王制法，虽质文随时，然未有以殊俗参治，恢诞杂化者也。岂曩圣之不达，而来圣而宏通哉。且五戒之小善，粗拟似人伦，而更于世主略其礼敬耶。礼重矣，敬大矣，为治之纲尽于此矣。万乘之君非好尊也，区域之人非好卑也，而卑尊不陈，王教不得一，二之则乱，斯曩圣所以宪章，体国所宜不惑也。通才博采，往往备其事，修之身、修之家可矣，修之国及朝则不可。斯岂不远也，省所陈，果亦未能了有之与无矣，纵其了犹谓不可以参治，而况都无而当以两行耶。"

何充辩之曰："臣充等言。臣等诚虽暗蔽，不通远旨，至于乾乾夙夜，思循王度，宁苟执偏管而乱大伦耶。直以汉魏逮晋，不闻异议，尊卑宪章无或暂亏也。今沙门之慎戒专然，及为其礼，一而已矣。至于守戒之笃者，亡身不吝，何敢以形骸而慢礼敬哉。每见烧香祝愿，必先国家，欲福祐之隆情无极已。奉上崇顺，出于自然，礼仪之简，盖是专一守法。是以先圣御世，因而弗革也。天网恢恢疏而不失，臣等屡屡以为不令致拜，于法无亏，因其所利而惠之，使贤愚莫敢不用情，则上有天覆地载之施，下有守一修善之人。谨复陈其愚浅，愿蒙省察，谨启于时，庚冰议寝。竟不施敬。"庚冰与何充等人多次辩难。

沙门是否敬拜王者是佛教与皇权之争，其实质是宗教与世俗文化的冲突，也是外来文化与中国传统礼法制度的冲突。这是中国有史以来发生的佛教同皇权之间的第一次冲突，也是中国佛教史上的重大事件。庚冰的主张最终并未被采纳，晋成帝允许沙门弟子对君王免行跪拜礼。

第二次是 62 年后，东晋安帝时，太尉桓玄又提出关于佛徒是否应礼敬王者的问题。

安帝元兴二年（403），桓玄提出"王大"说，认为君权至高无上，沙门受皇恩养育，就应敬拜王者。于是颁布政令，强令沙门弟子跪拜王者。中书令王谧、高僧慧远强烈反对。慧远著《答桓太尉书》《沙门不敬王者论》等文，说明沙门是超然于政治的，出家人"内乖天属之重而不违其孝，外阙奉主之恭而不失其敬"，佛教可以"协契皇极，在宥生民"（《沙门不敬王者论》），因此，"袈裟非朝宗之服，钵盂非廊庙之器。沙门尘外之人，不应致敬王者。"桓玄听从慧远的建议，取消了沙门必须跪拜王王者的政令。此事记载于《佛祖历代通载》卷七："元兴二年，太尉桓玄久怀篡夺。及升宰辅，以震主之成下书，令沙门致拜君亲。玄与八座书，重申何（充）、庾（冰）议沙门不敬王者，以谓庾意在尊主而礼据未尽，何出于偏信遂沦名体。夫佛之为化，虽诞以范浩推乎视听之外，以敬为本，此处不异。盖所期者殊，非恭敬宜废也。老子同王侯于三大，原其所重皆在于资生通运，岂犹以圣人在位而比称二仪哉。将以天地之大德曰生，通生理物在乎王者，故尊其神器而礼实惟隆，岂是虚相崇重，义在君御而已。沙门之所以生生资存，亦日用于理命，岂有受其德而遗其礼，沾其惠而废其敬哉？于时尚书桓谦、中书王谧等，抗谏曰：'今沙门者意深于敬，不以形屈为礼。如育王礼比丘足，魏文侯之揖干木，汉光武之遇子陵，皆不令屈体，况沙门之人也。'于是亟其书咨于远公。远慨然惜之曰：'悲夫！斯乃交丧之所由，千载之否运。'惧大法之将沦，感往事之不忘，故著论五篇究叙微意，庶后之君子崇敬佛教者，或详览焉。"

此事又见于《高僧传》卷六《慧远传》，关于这场争论的具体内容，可参阅桓玄《为沙门不敬王者与远法师书》及慧远《沙门不敬王者论》五篇文章。

桓玄指出："佛之为化，虽诞以茫浩，推乎视听之外，以敬为本，此出处不异。盖所期者殊，非敬恭宜废也。老子同王侯于三大，原其所重，皆在于资生通运，岂独以圣人在位，而比称二仪哉。将以天地之大德曰生，通生理物，存乎王者，故尊其神器而礼寔惟隆，岂是虚相崇重，义存君御而已。沙门之所以生生资国存，亦日用于理命，岂有受其德而遗其礼，沾其惠而废其敬哉。"接着，慧远《沙门不敬王者论》指出："出家则是方外之宾，迹绝于物。其为教也，达患累缘于有身，不存身以息患。知生生由于禀化，不顺化以求宗。求宗不由于顺化，则不重运通之资。息患不由于存身，则不贵厚生之益。此理之与形乖，道之与俗反者也。若斯人者，自誓始于落簪，立志形乎变服。是故凡在出家，皆遁世以求其志，变俗以达其道，变俗则服章不得与世典同礼，遁世则宜高尚其迹。夫然，故能拯溺俗于沉流，拔幽根于重劫，远通三乘之津，广开天人之路。如令一夫全德，则道洽六亲，泽流天下，虽不处王侯之位，亦已协契皇极，在宥生民矣。是故内乖天属之重而不违其孝，外阙奉主之恭而不失其敬，从此而观，故知超化表以寻宗，则理深而义笃，照泰息以语仁，则功末而惠浅。若然者，虽将面冥山而旋步，犹或耻闻其风，岂况与夫顺化之民，尸禄之贤，同其孝敬者哉。"①

第三次是 60 年后，宋孝武帝大明六年（462），又有司上奏，谓历史上儒、墨、名、法诸派，皆能"崇亲严上"，唯佛徒虽以"谦卑自牧"，以"忠虔为道"，但却"凌越典度，偃倨尊威"，"宁有屈膝四辈而简礼二亲，稽颡耆腊而直骸万乘哉"，是"反经提传"之行为，遂提议应依本俗，行"礼敬之容"。宋孝武帝采纳其义，于是年九月，制令沙门致敬王者。但废帝即位后仍复其旧。事见《资治通鉴》卷一二九《宋纪十一》。

沙门敬不敬王者之争，事关纲常伦理的大节，既触及儒学的核心，也关乎王者的至尊地位，故帝王将相、高僧大德大多卷入其中。经历反复较量，北周武帝灭佛运动确立了沙门必须尊重皇权的政治原则。到宋元时期，佛教徒不得不默许服从，只得敬拜皇帝，顺从王化了。

在儒佛论争的过程中，儒学作为官方哲学，始终具有主体优越性意识，在固守已说的同时，对佛教采取大力打击的方式。而佛教为了能够在中国落脚扎根，融入中华文化圈，从内容上努力协调与儒学的关系，甚至把儒学的宗法伦理观念融入到佛教体系中去。正是在魏晋南北朝时期以慧远为代表的佛教高僧的共同努力，才有了隋唐及以后的佛教中国化。

---

① 详参石峻、楼宇烈等编：《中国佛教资料选编》第 1 卷，中华书局 1981 版，第 100—112 页，附《桓玄与慧远书信十九封》。

夷夏之辨

所谓夷夏之辨,从狭义上讲,是指以华夏礼仪如《春秋》、《仪礼》、《周礼》、《礼记》、《尚书》等为标准,用来区分华夏与蛮夷两类族群与文化的观念。"夏"一般是指中原汉人族群,在先秦时期,泛称华夏。"夷"一般是指化外之民,或称蛮夷、夷狄。夷夏之辨是华夏文化中心和汉民族政权正统论在文化观念上的反映,早在先秦时期,就曾提出明确的民族观,孔子曰:"夷狄之有君,不如诸夏之亡也。"(《论语·八佾》)言夷狄虽有君长而无礼仪,中国虽偶无君,而礼仪不废。春秋时代所提出的"尊王攘夷",作为"春秋大义"历来被儒家所称道,并作为一种文化传统得到继承和发扬。但是我们可以看出,"夷夏之辨"强调的是先进的华夏文明的优越性地位,对于"四夷之族"则抱有排斥、歧视态度。特别是魏晋南北朝时期,夷夏之辨论争达到顶峰。

刘立夫在《夷夏之辨与佛教》中说:"夷夏之辨的基本精神主要有两个方面:其一是,夷夏有别,华夏文化高于四夷文化……其二,汉民族建立的政权才是'天命'所归,王朝的'正统'。"[①]从两汉之际佛教传入中国后,夷夏之辨就转化为以儒家文化为中心的汉文化与佛教文化的争论,如牟子《理惑论》中的三十七个问答主要就是此类问题。牟子(170—?)自幼博览群书,精通诸子百家,尤其是儒家学说,兼研《老子》,极力推崇老子的"绝圣弃智,修身保真"的学说,最终却信奉佛教。牟子所著《理惑论》作为中国第一部佛学专著,糅合了儒、道各家学说,《隋书》甚至将其归入儒家。《理惑论》内容主要是为佛教做辩护,包括儒学对佛教的责难,及儒佛不同之处。当时的儒士们对牟子先为儒者,后信佛教,称之为"惑":"吾子弱冠学尧舜周孔之道,而今舍之更学夷狄之术,不已惑乎!"此处即将从域外传

---

① 刘立夫:《夷夏之辨与三教关系》,《觉群学术论文集(第三辑)》,宗教文化出版社 2004 年版。

入中土的佛教称为"夷狄之术",反映了中国传统文化特别是儒家文化对佛教的排斥。其书第十四章主要是就儒家与佛教双方关于夷夏问题的分辨,牟子针对惑者的问题,回答曰:"此吾未解大道时之余语耳,若子可谓见礼制之华,而闇道德之实,窥炬烛之明,未睹天庭之日也。孔子所言,矫世法矣。孟轲所云,疾专一耳。昔孔子欲居九夷,曰:君子居之何陋之有。及仲尼不容于鲁卫,孟轲不用于齐梁,岂复仕于夷狄乎?禹出西羌而圣哲,瞽叟生舜而顽嚚,由余产狄国而霸秦,管蔡自河洛而流言。传曰:'北辰之星,在天之中,在人之北。'以此观之,汉地未必为天中也。佛经所说,上下周极含血之类,物皆属佛焉,是以吾复尊而学之。何为当舍尧舜周孔之道?金玉不相伤,精魄不相妨。谓人为惑,时自惑乎!"牟子在此处指出尧舜周孔之道皆属佛,故与佛教不仅不冲突,反而还可以相融。

沙门祖服是夷夏之辨的一个突出问题。剃发染衣是沙门之形相,而在儒家礼法社会,爵位和章服是礼制秩序的外在表现。东晋安帝义熙年间,江州刺史、镇南将军何无忌撰《难祖服论》,与沙门慧远讨论祖服一事。何无忌在《难祖服论》中指出,沙门祖服不合礼制,"三代殊制,其礼不同,质文之变,备于前典。而佛教出乎其外,论者咸有疑焉"。慧远认为,儒家礼制只是限制世俗世界之规定,而于世俗之外,不须遵从,"所谓吉凶成礼,奉亲事君者,盖是一域之言耳,未始出于有封,有封未出,则是玩其文而未达其变"。而且,"祖服既彰,则形随事感,理悟其心,以御顺之气,表诚之体,而邪正两行,非其本也。"右祖实际上对人有约束作用,这恰好与儒家重视社会秩序相合。慧远又一次以援儒入佛的方式,使作为夷狄之教的佛教祖服形式让中国人所接受。

在夷夏之辨中,儒道二家往往结成同盟,共同对付外来的佛教。以夷夏之辨为中介,儒学与佛教第一次大规模的冲突以南朝宋、齐之间顾欢所作《夷夏论》为肇端。这次争辩同样是儒道联合,以儒家的纲常名教,加之以道教的本土地位,以反对佛教的用夷变夏。佛教则努力迎合儒家,专攻道家,以保住佛教在中国的生存权。

宋明帝泰始三年(467),顾欢作《夷夏论》议论佛道之是非,以辨夷夏之别。由于《夷夏论》原文不存,今只能从《南齐书·顾欢传》、《南史·顾欢传》中的摘录及《弘明集》中的引文参考如下。顾欢从"老子化胡说"入手,认为华夷人性有别,"在鸟而鸟鸣,在兽而兽吼;教华而华言,化夷而夷语耳",二者风俗习惯也和不相同,如果对佛教和道教各自所宣扬的理论不加区别,那么就好像"车可涉川,舟可行陆",这样怎么可以呢?因此,中国只能用孔、老之教治理,佛教只适用于西戎,不可"舍华效夷",用夷变夏,故"圣道虽同,而法有左右"。况且佛教对于普通人来说过于空虚遥远,故不用也罢。顾欢融合儒道两家的观点,指责佛教为夷狄之教,违背了儒家忠孝礼仪,且以老子为释迦牟尼之父,这一点遭到了来自佛教方面的强烈反击。宋司徒袁粲率先反驳,散骑常侍谢镇之两次致书顾欢《与顾道士书》,朱昭之作《难顾道士夷夏论》,朱广之作《谘顾道士夷夏论》,慧通作《驳顾道士夷夏论》,僧愍作《戎华论折顾道士夷夏论》等,与顾欢激烈争辩,进行全面驳斥。如慧通《驳夷夏论》云:"故经云:'摩诃迦叶,彼称老子;光净童子,彼称仲尼;将知老氏非佛,其亦明矣。'"(《弘明集》卷七)宋释僧愍《戎华论》曰:"大士迦叶者老子其人也,故以诡教五千翼匠周世,化缘既尽回归天竺。……宪加周孔故老子还西,老子还西故生其群戎。"(《弘明集》卷七)僧愍认为,"天竺之土是中国也",而顾欢的夷夏论是以华夏为中心,以"四裔"为周边,是故有夷夏之别,顾欢是坐井观天。由以上可见,佛教在做反驳时,尽量避免攻击儒家,而将矛头主要对准道教。

继顾欢的《夷夏论》之后,南齐某佚名道士借张融之名作《三破论》,指责佛教是"夷狄之教",故不足可称。佛教有"三破",一是入国而破国,二是入家而破家,三是入身而破身,这种"夷狄之教"断断不可学。针对此观点,释玄光作《辩惑论》,刘勰作《灭惑论》,释僧顺作《释三破论》以反驳。如刘勰指出,凡出家之人"妻者爱累,发者形饰;爱累伤神,形饰乖道。所以澄神灭爱,修道弃饰,理出常均"。这些都是为了修道,而周孔之教,父慈子孝,君尊臣卑,是天经地义。而佛教出世之规则,是对周孔之教的变通。

至北魏太武帝灭佛,与其说是佛道之争,不如说是儒佛之争。在太武帝看来,佛教始终是"夷狄之教",应该尊崇正统的儒家,方能保北魏政权的稳定。北周武帝宇文邕在北周和北齐境内发动的废佛运动更使佛教遭到重大打击。北周武帝亲儒家而远佛教,为实现其"天下一统"的远大志向,证明自已是华夏正统而非蛮夷之族,周武帝不仅排斥佛教,更是抬举道教这种本土宗教,卫元嵩还将佛教融合于儒家思想之中,以期彻底灭绝佛教。北周武帝更是多次举行辩论,以断定儒释道三教优劣。

北周武帝时,夷夏之辨已经不再简单的集中在理论层面上,而主要是靠政权的强力打压而推行。这一方面是因为佛教最初力量弱小,至南北朝时期渐成气候,威胁到本土教派的生存,再者北魏和北周皆是少数民族政权,本身就是华夏正统所谓的"蛮夷之族",为了避免"正统论"的挑战,于是竭力维护儒家与道教正统观念,而试图与佛教这种外来宗教摆脱关系。夷夏之辨归根结底是华夏中心论在宗教问题上的一种反映,它在打击佛教的同时,也加速了佛教中国化的进程,促进了儒释道三教的融合,丰富了中国传统文化的内涵。

四学馆立与儒学复兴

南朝宋儒学出现明显的复兴之势。彼时宋文帝恢复国子学,形成四学(即儒玄文史)并立的局面,诏雷次宗立儒学,何尚之立玄学。《南史·儒林传序》总论南朝儒学发展:"逮江左草创,日不暇给,以迄宋、齐,国学时或开置,而劝课未博,建之不能十年,盖取文具而已。是时乡里莫或开馆,公卿罕通经术。朝廷大儒,独学而弗肯养众;后生孤陋,拥经而无所讲习,大道之郁也久矣乎!"

南朝刘宋开国皇帝刘裕即位(420),即拜范泰为金紫光禄大夫,加封散骑常侍。422 年,诏议建立国学,以范泰为国子祭酒。范泰字伯伦,顺阳山阴人,经学家范宁之子,史学家范晔之父。范泰上表言立学之事,此事载于《宋书·卷六十·范泰传》:"臣闻风化兴于哲王,教训表于至世。至说莫先讲习,甚乐必寄朋来。古人成童入学,易子而教,寻师无远,负粮忘艰,安亲光国,莫不由此。……会今生到有期,而学校未立。覆篑实望其速,回辙已淹其迟。事有似赊而宜急者,殆此之谓。古人重寸阴而贱尺璧,其道然也。"高祖在宋台建之前也曾与儒者臧焘谈立学之事,《宋书·卷五十五·臧焘传》载:"顷学尚废弛,后进颓业,衡门之内,清风辍响。良由戎车屡警,礼乐中息,浮夫恣志,情与事染,岂可不敷崇坟籍,敦厉风尚。此境人士,子侄如林,明发搜访,想闻令轨。然荆玉含宝,要俟开莹,幽兰怀馨,事资扇发,独习寡悟,义著周典。今经师不远,而赴业无闻,非唯志学者鲜,或是劝诱未至邪。想复弘之。"但是宋建国后,并未立即立学。直至永初三年(422)刘裕去世,儒学的发展一直处于放任自流状态。

南朝宋元嘉十五年(438),宋文帝征召雷次宗至京师,立儒学馆于北郊鸡笼山,聚徒教授,置生员百余人。当时尚未立国子学,遂以会稽朱膺之、颖川庾蔚之讲儒学,丹阳尹何尚之立玄学,太子率何承天立史学,司徒参军谢元立文学。此事载于《宋书·隐逸传·雷次宗》:"元嘉十五年,征次宗至京师,开馆於鸡笼山,聚徒教授,置生百馀人,会稽朱膺之、颍川庾蔚之,并以儒学监总诸生。时国子学未立,上留心艺术,使丹阳尹何尚之立玄学,太子率更令何承天立史学,司徒参军谢元立文学。凡四学并建。"

由这段话可知,元嘉十五年开设儒学馆后,元嘉十六年(439),宋文帝刘义隆在建康(今江苏南京)又设立史学、文学、玄学三馆,实行分科授学。何承天主持"史学馆";何尚之主持"玄学馆";谢元主持"文学馆",四馆各就其专业招收生徒。关于宋文帝官学之大致情形,又可见于《南史·宋文帝纪》。四学馆的设立打破了在此之前学校教育只有经学的传统,在中国教育史上首次开辟了专科教学的道路,使儒学、玄学、史学、文学各自独立,标志着儒学在南北朝时期走向复兴。南朝梁沈约《为皇太子谢表》:"不闲三善之训,未习四学之仪。"此后,唐朝又在此"四学"基础上增设律学、书学和算学等专业。宋王谠《唐语林·学旧六馆》:"有国子馆、太学馆、四门馆、书馆、律馆、算馆,国子监都领之。"

四馆之中,儒学馆主持是雷次宗,字仲伦,豫章南昌人,是儒释道兼综的学者。雷次宗少入庐山,事沙门释慧远,笃志好学,尤明三《礼》、《毛诗》。后隐退不受征辟,故《宋书》、《南史》将其归入《隐逸传》。何尚之,字彦德。宋文帝(424—453年在位)时,于元嘉十三年(436)任命何尚之为丹阳尹。何尚之在丹阳城外建造宅院,设置学校,教授学生。东海人徐秀,庐江人何昙、黄回,颍川人荀子华,太原人孙宗昌、王延秀,鲁郡人孔惠宣,纷纷前来游学,成为一时美谈(《南史·卷三十·何尚之传》)。何尚之在四学馆中任玄学主持,被称为儒学"南学"。此事又见载于《宋书·卷八十二·沈怀文传》:"隐士雷次宗被征居钟山,后南还庐岳,何尚之设祖道,文义之士毕集。"何承天,东海郯人,南朝宋著名思想家,元嘉十九年(442),设立国子学,何承天领国子博士,并与中庶子颜延之一起从师授业。

四学馆中所立经书,据《南齐书·陆澄传》说:"置郑王《易》,杜服《春秋》,何氏《公羊》,麋氏《穀梁》,郑玄《孝经》。澄谓尚书令王俭曰:'《孝经》,小学之类,不宜列在帝典。'"在南朝宋齐官方的"四学"当中,儒学与玄学的经典都包括《周易》,陆澄认为,《孝经》为小学之类,故未列入其中。陆澄又谓王俭曰:"元嘉建学之始,玄、弼两立。逮颜延之为祭酒,黜郑置王,意在贵玄,事成败儒。今若不大弘儒风,则无所立学。众经皆儒,惟

《易》独玄,玄不可弃,儒不可缺。谓宜并存,所以合无体之义。且弼于注经中已举《系辞》,故不复别注。今若专取弼《易》,则《系》说无注。"雷次宗与何尚之都笃信佛教,何承天则排斥佛教,四学馆的设立说明彼时儒佛玄相互交杂、互融互通的局面形成。特别是《礼》学在刘宋时期格外兴盛,皮锡瑞在《经学历史》中说:"南学之可称者,惟晋、宋间诸儒善说礼服。宋初雷次宗最著,与郑君齐名,有雷、郑之称。当崇尚老、庄之时,而说礼谨严,引证详实,有汉石渠、虎观遗风,此则后世所不逮也。"儒学的复兴也说明,刘宋王朝要借助于士族的声望来提高皇室的威信。

元嘉二十一年(444),主持文学馆的谢元因包庇其部下王义恭挪用公款,而被主持史学馆的何承天上奏皇帝,帝大怒,遂"遣元长归田时,禁锢终身"(《何衡阳集》),何承天此后也被罢免,四学馆至此而止。

泰始六年(470)九月,因国学废止,宋明帝刘彧下诏在建康城内立总明观,又称东观,作为藏书兼教学、研究机构。征学士以充任其中,设置东观祭酒、访举各一人,举士二十人,分为儒、道、文、史、阴阳五部学。其时王俭领国子祭酒,诏于俭宅开学士馆,以总明四部书充之。宋明帝所立五部学与此前宋文帝所立儒、玄、文、史四学略有不同,将玄学换成了道学,又增加了阴阳学。因阴阳学无人,故虽名为五部学实是四部学。此事载于《南齐书·百官志》:"右泰始六年,以国学废,初置总明观,玄、儒、文、史四科,科置学士各十人,正令史一人,书令史二人,干一人,门吏一人,典观吏二人。建元中,掌治五礼。永明三年,国学建,省。"明帝因国学废而创办总明观,可看作是四学馆的继承与延续。皇上任用刘瓛兼总明观祭酒。刘瓛,字子珪,沛国相县人,刘宋经学家。史称他"少笃学,博通《五经》。聚徒教授,常有数十人"。据《宋纪》,四部书者,是指儒、道、文、史之书。其中儒学处于十分重要的地位,特别是在周续之、颜延之、雷次宗等名儒的推动下,南朝儒学得到了很好的发展,此时的儒学著作有《易老庄义》、《释论语》、《释孝经》。建元(479—482)中,掌治五礼。永明三年(485),国学兴建,齐武帝下令总明观废止。

总明观是以元嘉"四学"为参照设立的,但在管理上比四馆更为完善,对隋唐专科学校的建立与发展产生了直接的影响。唐朝在此基础上增设律学、书学和算学等学科,使学校教育制度向前发展了一大步。

皇侃上《礼记义疏》

　　皇侃(488—545),吴郡人。师事贺玚,明三《礼》、《孝经》、《论语》,以儒学知名,是南北朝时期著名经学家。大同四年十二月丁亥,国子助教皇侃表上所撰《礼记义疏》五十卷,诏令交付秘阁收藏。此事载于《梁书》、《南史》本传。不久,皇侃入寿光殿,讲《礼记义》,梁武帝善之,加封他为员外散骑侍郎。

　　《礼记义疏》著作在历史上已亡佚。唐代孔颖达《礼记正义》中引述和保留了很多皇氏义疏,清人马国翰《玉函山房辑佚书》中有辑佚。唐代陆德明《经典释文·礼记音义》中也有收录。孔颖达《礼记正义序》中评价道:"其为义疏者,南人有贺循、贺玚、庾蔚之、崔灵恩、沈重、范宣、皇甫侃等,北人有徐遵明、李业兴、李宝鼎、侯聪、熊安生等。其见于世者,唯皇熊二家而已。熊则违背本经,多引外义,犹之楚而北行,马虽疾而去逾远矣。又欲释经文,唯聚难义,犹治丝而棼之,手虽繁而丝益乱也。皇氏虽章句详正,微稍繁广,又既遵郑氏,乃时乖郑义。此是木落不归其本,狐死不首其丘。此皆二家之弊,未为得也。然以熊比皇,皇氏胜矣。"

　　皇侃《礼记义疏》以郑氏学说为主,同时兼采先儒之义,以及卢植、王肃、庾蔚之、贺玚等说法,充分借鉴并吸收各家学说,融入己说。其注受玄学思潮的影响,以义理为主,文献互证,不宥成说,故有颇多创见。也正因为如此,皇氏《义疏》在追求创新之时,有无据臆说之见。总之,皇侃《礼记义疏》体现了南朝经学注疏的特点,代表了南朝《礼记》注疏的最高成就,为唐修《礼记正义》奠定了基础,也为历代研究《礼记》者所借鉴。

北魏儒学化运动与孝文帝改革

　　北魏（386—534）是鲜卑族拓跋珪于公元 386 年建立的政权，于 389 年正式定国号为魏，史称北魏。398 年七月，道武帝拓跋珪迁都平城（今山西大同市），太武帝拓跋焘统一北方，439 年孝文帝拓跋宏迁都洛阳。公元 534 年，北魏分裂为西魏（都长安）和东魏（都邺）。北魏历代君主都非常重视儒学，坚持崇儒方针，广泛传播儒学观念。特别是孝文帝汉化改革，更使北朝儒学的发展在北魏时期达到高潮。

　　北魏历代帝王广泛启用熟悉儒家经典的硕学鸿儒参与到国家政治中。如道武帝拓跋珪即位之初（386）即"立太学，置五经博士生员千有余人"（《魏书·儒林传》），以经术为先。拓跋珪曾"于俘虏中擢其才识者贾彝、贾闺、晁崇等与参谋议，宪章故实"（《北史》卷一）。天兴元年（398）十一月，道武帝拓跋珪命崔宏总裁其事，邓渊立官制，董谧制礼仪，王德定律令，初步制定了一系列国典礼仪。任命儒学家梁越"授诸皇子经"，梁越、卢丑等均以博学封官赐爵。天兴二年（399 年）春，增国子太学生员至三千。魏收《魏书》曰："帝初拓中原，留心慰纳，诸士大夫诣军门者，无少长，皆引入赐见，存问周悉，人得自尽，苟有微能，咸蒙叙用。"这一时期被任用为官的学者有张衮、张恂、崔逞、王宪、屈遵、公孙表、李先等人。太宗明元帝拓跋嗣继位后，于永兴五年（413）下诏"虚心求贤"。世祖太武帝拓跋焘于神䴥四年（431）颁布求贤征士诏，大规模征召汉族士人，一次就"辟召儒俊"数百名。种种积极的儒学化政策使北魏皇室逐渐接受了儒家思想。

　　北魏孝文帝拓跋宏（467—499）即位后，迫切需要同汉族地主进行合作，进一步消除民族界限，缓和阶级矛盾，于是在冯太后的辅佐下，不仅延续了此前的崇儒政策，而且进行了大范围的改革。孝文帝改革过程中，通过易服装、说汉话、改汉姓、通婚姻、行汉制、崇儒学等各项汉化政策，不仅促进了北魏儒学的发展,而且促进了鲜卑族和汉族的民族融合。

拓跋宏是中国历史上著名的少数民族政治家、改革家,北魏的第七位皇帝。皇兴五年(471)拓跋宏即位时年仅5岁,改年号为延兴。太和七年(483),孝文帝诏令依儒家仁礼学说和家国伦理整顿婚俗,规范教育乡里。太和十四年(490)孝文帝正式亲政后,采取了一系列政策进行改革。北魏的儒化政治主要表现在对礼教的重视与礼仪制度的恢复。早在北魏初期,高宗拓跋濬(452—465年在位)就下诏曰:"名位不同,礼亦异数,所以殊等级、示轨仪。今丧葬嫁娶,大礼未备,贵势豪富,越度奢靡,非所谓式昭典宪者也。有司可为之条格,使贵贱有章,上下咸序。著之于令。"(《魏书》卷七)主张利用儒家纲常名教治理国家。至孝文帝更是发动了移风易俗运动,将完善礼仪制度作为改革的一项重要内容,命李韶、李彦具体负责,李冲总其成,并亲自下笔,润饰辞旨,刊定轻重。孝文帝大量启用熟悉儒家典章制度的汉族士人担任要职,如王肃、刘放、袁式等人即在此时被任用。刘芳因特精经义迁国子祭酒。汉儒得到了朝廷的重视,他们或聚徒千百,或服冕乘轩,于是,"人多砥尚,儒林转兴"(《魏书》卷八十四)。在上层统治者中,汉人官员曾一度达到三分之一,且绝大多数出自于太学和私学培养出来的儒家人物。

为便于学习和接受汉族文化,拓跋宏决定把国都从平城迁到洛阳。太和十七年(493),孝文帝率领大军三十多万南下,假意攻打南齐,实则迁都洛阳。至太和十九年(495)六宫及文武尽迁都洛邑后,立即下令修建孔庙祭礼,并厚赏孔子后裔。孔子自汉代独尊儒术之后,即被奉为至圣之尊。北魏建国以后,对孔子的尊崇及对孔子后裔的封赐较前朝更甚。始光三年(426),太武帝拓跋焘"起太学于城东,祀孔子,以颜渊配"。皇兴二年(468)拓跋弘"遣中书令兼太常高允奉玉币,祀于东岳,以太牢祀孔子"(《魏书》卷一〇八)。至孝文帝时期,延兴二年(472)春二月,特下诏曰:"顷者,淮徐未宾,尼父庙隔非所,致令祠典寝顿,礼章殄灭,遂使女巫妖觋淫进非礼。自今,有祭孔庙,制用酒脯而已,不听妇女杂合,以祈非望之福。犯者以违制论。其公家有事,自如常礼。"(《北史》卷三)诏定祭祀孔庙的礼仪制度。延兴三年(473)夏四月,"诏以孔子二十八世孙鲁郡孔乘为崇圣大夫,给十户以供酒扫"。北魏太和十三年(489)正月,孝文帝诏令群臣论禘祫之祭,据《魏书·礼志》载:"郑玄解禘,天子祭圆丘曰禘,祭宗庙大祭亦曰禘。三年一祫,五年一禘。祫则合群毁庙之主于太庙,合而祭之。禘则增及百官配食者,审谛而祭之。天子先禘祫而后时祭,诸侯先时祭而后禘祫。鲁礼,三年丧毕而祫,明年而禘。圆丘、宗庙大祭俱称禘,祭有两禘明也。王肃解禘祫,称天子诸侯皆禘于宗庙,非祭天之祭。郊祀后稷,不称禘,宗庙称禘。禘、祫一名也,合而祭之故称祫,审谛之故称禘,非两祭之名。三年一祫,五年一禘,总héng则互举之,故称五年再殷祭,不言一禘一祫,断可知矣。礼文大略,诸儒之说,尽具于此。卿等便可议其是非。"孝文帝与尚书游明根、左丞郭祚、中书侍郎封琳、著作郎崔光、中书监高闾、仪曹令李韶、中书侍郎高遵等共同讨论郑、王二家禘裕之礼。从这份诏书上可以看出,孝文帝对儒家礼学有深刻的理解。太和十三年(489)秋七月,"立孔子庙于京师"(《魏书》卷七下)。太和十六年(492)春二月,"改谥宣尼曰文圣尼父,告谥孔庙"(同上);太和十九年(495)夏四月"庚申,行幸鲁城,亲祠孔子庙。辛酉,诏拜孔氏四人,颜氏二人为官"(同上)。"又诏选诸孔宗子一人封崇圣侯,邑一百户,以奉孔子祀。命兖州为孔子起园栢,修饰坟陇,更建碑铭,褒扬圣德。"(《北史·魏本纪第三》)

孝文帝非常重视《孝经》,曾在迁都洛阳之初,命人以鲜卑语翻译《孝经》,名为《国语孝经》,并将之作为教材使用。正光二年(521),孝文帝"车驾幸国子学,讲《孝经》。三月庚午,帝幸国子学祠孔子,以颜渊配"(《魏书》卷九)。正光三年(522),释奠于国学,命崔光讲《孝经》,始置国子生3151人。永熙三年(532)春,"诏延公知学官于显阳殿,敕祭酒刘成讲《孝经》,黄门李郁讲《礼记》,中书舍人卢景宣解《大戴礼·夏小正》篇。时广招儒学,引令预听"(《魏书》卷三六),"出帝于显阳殿讲《孝经》"(《魏书》卷五五)。《隋书》卷三二《经籍志》:"魏氏迁洛,未达华语,孝文帝命侯伏侯可悉陵,以夷言译《孝经》之旨,教于国人,谓之《国语孝经》。"自汉武帝独尊儒术以后,北朝对孔子及儒学的尊崇至孝文帝时达到顶峰。这一时期出现了众多经学家,其中以徐遵明为最盛。徐遵明弟子众多,其后许多名儒,多出自徐遵明门下。经学兴盛,著述增多,"故燕、齐、赵、魏之间,横经著录,不可胜数"(《北史·卷八十一·儒林上》)。

太和十九年(495),孝文帝下令详定北人姓族,开启了改革鲜卑姓氏的重大举措。诏书规定:"穆、陆、贺、刘、楼、于、嵇、尉八姓,自太祖已降,勋著当世,位尽王公,灼然可知者。且下司州吏部,勿充猥官,一同四姓。"

（《魏书·卷一一三·官氏志九》）即此八姓同汉族头等门阀崔、卢、郑、王四大姓门第相当，不得授以卑官。孝文帝又规定，鲜卑族之复姓改为汉族之单姓，据《魏书·官氏志》统计，所改达117姓。此次改姓为以夏变夷，从此华夷之别渐泯。建武三年（497），孝文帝说："北人谓土为拓，后为跋。魏之先出于黄帝，以土德王，故为拓跋氏。夫土者，黄中之色，万物之元也；宜改姓元氏。诸功臣旧族自代来者，姓或重复，皆改之。"（《资治通鉴》卷一百四十）于是，在这一政策下，纥骨改为胡，丘敦改为丘，拔拔改为长孙，达奚改为奚，乙旃改为叔孙，丘穆陵改为穆，步六孤改为陆，贺赖改为贺，独孤改为刘，贺楼改为楼，勿忸于改为于，尉迟改为尉，等等。孝文帝又规定鲜卑族不再说鲜卑语，而改说汉语，《魏书·咸阳王禧传》记载孝文帝言："今欲断诸北语，一从正音。其年三十已上，习性已久，容不可猝革。三十已下，见在朝廷之人，语音不听仍旧；若有故为，当加降黜。"孝文帝要求正音声，革服饰，以中原儒家之周礼教化众人。

孝文帝特别重视学校教育，并以儒学教育皇宗子弟。早在北魏太祖道武帝天兴元年（398）即立太学，至天兴二年（399）又立国子学，与太学并立，增加国子、太学生员至三千余人。梁越"入授诸皇子经"。太宗明元帝时改国子学为中书学，中书学内博士、学生多为汉族人，于是中书学成为汉人士族参与北魏政权的重要途径，当时有名者如太宗时崔浩于"太宗初，拜博士祭酒，赐爵武城，也曾入宫教授子，常授太宗经书"。太武帝时李灵"稍见任用，授高宗经"，孝文帝曾"诏（刘）芳与（邢）产入授皇太子经"，甚至于文明太后也令置学馆，"选师傅以教诸王"（《资治通鉴》卷一三六）。在皇室的推动下，北魏上至皇室子弟，下至庶民百姓，都受到儒家思想的影响，北魏历代皇帝不仅深受儒家学说影响，自身即是儒学爱好者，孝文帝即"雅好读书，手不释卷，五经之义，览之便讲，学不师受，探其精奥。史传百家，无不该涉。善谈《左》《老》，尤精释义"（《魏书·高祖纪》）。太和中，孝文帝把中书学改为国子学，同时又专为皇室子弟开办了皇宗学。孝文帝时建明堂、辟雍，尊三老五更。迁都洛阳后，仿古礼立四门小学，置四门小学博士。

为提升文化教育水平，北魏积极加强地方官学建设。北魏献文帝拓跋弘时期，设置乡学，实施郡国学制，"初立乡学，郡置博士二人、助教二人、学生六十人"（《北史》卷六十九），后又"大郡立博士二人，助教四人，学生一百人;次郡立博士二人,助教二人,学生八十人;中郡立博士一人,助教二人,学生六十人;下郡立博士一人,助教一人,学生四十人"(《魏书·卷九十二·儒林》)。北魏对州郡立学做了明确的规定,包括博士、助教及学生的人数,制度极为完备,有力的推动了儒学在这些地方的传播。

北魏允许地方私学的发展,于是私人讲学之风盛行。北魏出现了一批以私人讲授为主要方式的大儒,比较知名的有李彪、冯元兴、张伟、高允、梁祚、常爽、刘献之、张吾贵、刘兰、徐遵明、董徵、李业兴、李孝伯等,皆为造诣颇深的通经名儒,如《魏书·儒林传·刘献之传》记载:"时中山张吾贵与(刘)献之齐名,海内皆曰儒宗。吾贵每一讲唱,门徒千数,其行业可称者寡。献之著录,数百而已,皆经通之士。"又记载梁祚"笃志好学,历治诸经",张伟"讲授乡里,受业者常数百人",刘兰"学徒前后数千,成业者众",常爽"置馆温水之右,教授门徒七百余人"。不仅讲唱典籍者盛,北魏儒士对儒学经典的整理与阐释工作也做出了很大努力,如常爽作《六经略注》,被称为"儒林先生"。索敞撰《丧服要记》,李谧"广校同异,比三《传》事例,名《春秋丛林》,十有二卷"。《魏书·李先传》有一段太祖与李先的对话:太祖问先曰:"天下何书最善,可以益人神智?"先对曰:"唯有经书。三皇五帝治化之典,可以补王者神智。"又问曰:"天下书籍,凡有几何?朕欲集之,如何可备?"对曰:"伏羲创制,帝王相承,以至于今,世传国记,天文秘纬不可计数。陛下诚欲集之,严制天下诸州郡县搜索备送,主之所好,集亦不难。"太祖于是班制天下,经籍稍集。在战乱纷争的年代,这些儒学传播者们对北魏儒家文化的传播做出了很大贡献。

官制方面,北魏沿用了曹魏时创立的九品中正制,《魏书·官氏志》记载:"有三世官在给事已上,及州刺史、镇大将,及品登王公者为姓……而有三世为中散、监已上,外为太守、子都,品登子男者为族。"虽然西晋时这一制度开始演化成为从世家大族中选拔官吏的局面,这就是后来评价之"上品无寒门,下品无势族"的局面。但北魏仍然照搬了这一汉族选官制度,直到隋朝建立科举制,才最终废止了九品中正制。

总起来看,孝文帝改革旨在吸收汉族文化,学习儒家经典,提高鲜卑族的文化素养。经过明元、太武、文成、献文诸代皇帝的推进,再到孝文帝全力推行崇儒举措,儒学教育在北魏得到了很大的发展。北魏的士人以儒家文化为指导,为北魏政权的建立和巩固提供了儒化的政治体制、统治方式及封建文化。北魏儒者挟先王之道,行周孔旧业,使鲜卑族接受了汉族先进文化制度,恢复了儒家礼乐文化,促进了民族的交流和融合。

从另一方面讲,孝文帝推行的不加扬弃的全盘汉化也有负面影响。他不顾鲜卑贵族的强烈反对迁都洛阳导致统治集团的分裂;迁都又造成了巨大的经济负担,加剧了社会的动乱与分裂;移植门阀士族制度,将寒门排除在外,造成寒门与门阀的矛盾冲突;且门阀制实行后新的鲜卑拓跋贵族兴起并迅速腐化,严重消蚀了北魏统治者的锐气与活力。这些政策都为北魏统治埋下了隐患,孝文帝死后仅三十余年,北魏王朝便迅速走向分崩离析。

姚方兴与孔传《舜典》

姚方兴，吴兴（今属新江）人，南朝齐学者。其生卒事迹不详，唯一有历史记载的就是，齐萧鸾建武四年（497），姚方兴称于大航头购得西汉孔安国作传注的古文尚书《舜典》，比马融、郑玄注多二十八字曰："曰若稽古帝舜，曰重华协于帝。濬哲文明，温恭允塞，玄德升闻，乃命以位。"

《隋书·经籍志序》云："时又阙《舜典》一篇。齐建武中，吴姚方兴于大桁市得其书，奏上，比马、郑所注，多二十八字。于是始列国学。"唐代刘知几《史通·古今正史》也有载："齐建武中，吴兴人姚方兴采马、王之义以造孔传《舜典》，云于大航购得，诣阙以献。举朝集议，咸以为非及江陵板荡，其文入北，中原学者得而异之，博士刘炫遂取此一篇列诸本第。古今人所习《尚书·舜典》，元出于姚氏者焉。"又见孔颖达疏《尚书正义·舜典第二》曰："昔东晋之初，豫章内史梅赜上孔氏传，犹阙《舜典》。自此'乃命以位'已上二十八字，世所不传。多用王、范之注补之，而皆以'慎徽'已下为《舜典》之初。至齐萧鸾建武四年，吴兴姚方兴於大航头得孔氏传古文《舜典》，亦类太康中书，乃表上之。事未施行，方兴以罪致戮。至隋开皇初购求遗典，始得之。史将录舜之美，故为题目之辞曰，能顺而考案古道而行之者，是为帝舜也。又申其顺考古道之事曰，此舜能继尧，重其文德之光华，用此德合于帝尧，与尧俱圣明也。此舜性有深沉智慧，文章明鉴，温和之色，恭逊之容，由名闻远达，信能充实上下，潜行道德，升闻天朝，尧乃徵用，命之以位而试之也。"

这些材料都在说明，齐建武中，姚方兴采辑马融、王肃的《尚书》注文，伪造了《舜典》一篇，又于"慎徽五典"一句之前加了"曰若稽古帝舜"等二十八字，并称在大航头买得，献给齐朝廷。有关《舜典》真伪的问题，在当时就议论纷纷，认为是孔安国所注。由于姚方兴有罪，所献《舜典》并未被采用。隋开皇二年（582），隋文帝诏求佚书，刘炫（约546—约613）相信伪

114

《尚书孔氏传》,把姚氏所造孔传《舜典》立学官。唐初孔颖达作《尚书正义》,引用孔传《舜典》,姚氏所造此篇也被采入。故《尚书·舜典》,原出于姚氏。

据蒋善国《尚书综述》所说:孔壁《古文尚书》有《舜典》一篇,然原伏生所传二十九篇《尚书》,却没有《舜典》,该篇在东汉末已亡佚。今本《舜典》是东晋梅赜根据王肃所注《尧典》从"慎徽五典"以下,分为《舜典》,以补他所献的孔传《舜典》。姚方兴又在篇首加二十八字。蒋善国认为姚方兴确实是伪造此书[1]。由于史料缺乏,故姚方兴所献是否伪书只能待后来者考证。

---

[1]　蒋善国:《尚书综述》,上海古籍出版社 1988 年版,第 29 页。

梁置五经博士

梁武帝时期,大修文教,盛饰礼容,阐扬儒学,成为南朝之中儒学发展的极盛时期。王夫之《读通鉴论·卷十七·梁武帝之十四》评价曰:"武帝之始,崇学校,定雅乐,斥封禅,修五礼,六经之教蔚然兴焉,虽疵而未醇,华而未实,固东汉以下未有之盛也。"

天监四年(505),梁武帝下诏曰:"二汉登贤,莫非经术,服膺雅道,名立行成。魏晋浮范,儒教沦歇,风节罔树,抑此之由。朕日昃罢朝,思闻俊异,收士得人,实惟酬奖。可置《五经》博士各一人,广开馆宇,招内后进。"(《梁书·儒林》)于是在建康(南京)设置五经博士,广开学馆,以平原明山宾、吴兴沈峻、建平严植之、会稽贺场为博士,各主持一学馆,进行教学。馆有数百生,给其饩廪。当时规定,由官供食宿,其射策通明者即除为吏。又因入学无门庭限制,寒门子弟也可入学,不限人数。在这一政策影响下,"十数年间,怀经负笈者云会京师",梁武帝又分遣博士祭酒到州郡立学,"又选遣学生如会稽云门山,受业于庐江何胤"。天监五年,梁武帝下诏"置集雅馆以招远学"(《南史·卷六·武帝纪上》)。

天监七年(508),梁武帝诏曰:"建国君民,立教为首,砥身砺行,由乎经术。朕肇基明命,光宅区宇,虽耕耘雅业,傍阐艺文,而成器未广,志本犹阙。非以镕范贵游,纳诸轨度;思欲式敦让齿,自家刑国。今声训所渐,戎夏同风。宜大启庠斅,博延胄子,务彼十伦,弘此三德,使陶钧远被,微言载表。"(《梁书》卷四八《儒林列传》)梁武帝专为士族子弟设立了"国子学",要求皇室成员和贵族子弟皆入学接受儒学教育。在梁武帝看来,培养学问,砥砺德行,经学是必须经由的途径。应当大力开办学校,广泛招请王室贵族子弟,修习十伦,弘扬三德。梁武帝对国子学十分重视,亲自到学校向前代圣人行释奠之礼,并多次到国子学讲解儒学经典,策试胄子,赏赐学官,"申之以宴语,劳之以束帛,济济焉,洋洋焉,大道之行也如是。"天监八年(509),梁武帝再次下诏曰:"其有能通一经,始末无倦者,策实之后,选可量加叙录。虽复牛监羊肆,寒品后门,并随才试录,勿有遗隔。"(《梁书·卷二·武帝纪中》)天监九年(510)三月,梁武帝"车驾幸国子学,亲临讲肆,赐国子祭酒以下帛各有差",又下诏曰:"王子从学,著自礼经,贵游咸在,实惟前诰,所以式广义方,克隆教道。今成均大启,元良齿让,自斯以降,并宜隶业,皇太子及王侯之子年在从师者,可令入学。"(《梁书·武帝纪中》)是年十二月,梁武帝再次"舆驾幸国子学,策试胄子,赐训授之司各有差"(同上)。

大同七年(541),梁武帝在建康鸡笼山设立士林馆,延集学者在此讲学。当时的士林馆盛况空前,在此讲学之大儒众多,如朱异、张绾、贺琛、孔子袪、虞荔、周弘正、沈洙等,史书多有记载,摘录如下:

《梁书·卷三·武帝纪下》记载:"大同中,于台西立士林馆,领军朱异、太府卿贺琛、舍人孔子袪等递相讲述,皇太子、宣城王亦于东宫宣猷堂及扬州廨开讲,于是四方郡国,趋学向风,云集于京师矣。"

《梁书·卷三十四·张绾传》:"是时城西开士林馆聚学者,绾与右卫朱异、太府卿贺琛递述《制旨礼记中庸义》。"

《梁书·卷三十八·朱异传》记载梁武帝萧衍的宠臣朱异于大同六年:"启于仪贤堂奉述高祖《老子义》,敕许之,及就讲,朝士及道俗听者千余人,为一时之盛,时城西又开士林馆以延学士,异与左丞贺琛递日述高祖《礼记中庸义》。"

《梁书·卷四十八·儒林传》)记载:"孔子袪……通经术,尤明《古文尚书》,……高祖撰《五经讲疏》及《孔子正言》,专使子袪检阅群书,以为义证,事竟,敕子袪与右卫朱异、左丞贺琛于士林馆递日执经。"

《陈书·卷十九·虞荔传》有:"虞荔字山披……梁武帝于城西置士林馆,荔乃制碑,奏上,帝命勒之于馆,仍用荔为士林学士。"

《陈书·卷三十四·周弘正传》有:"周弘正,累迁国子博士。时于城西立士林馆,弘正居以讲授,听者倾朝野焉。弘正启梁武帝《周易疑义》五十条。"

《陈书·卷三十三·儒林传》有:"沈洙字弘道……大同中,学者多涉猎文史,不为章句,而洙独积思经术,吴郡朱异、会稽贺琛甚喜之。及异、琛于士林馆讲制旨义,常使洙为都讲。"

梁武帝重视那些硕学名儒,其开设的五馆教学的主要内容也是儒家的《五经》,当时在士林馆讲学的五经博士严植之在士林馆讲学时,听者达千余人。领军朱异与左丞贺琛在士林馆讲梁武帝的《礼记中庸义》,国子博士周弘正讲授时,听者倾朝野。一时之间,都城建康成了儒学发展中心。梁武帝不仅推崇儒学,自已还亲自著述,先后著有《制旨孝经义》、《周易讲疏》、《毛诗答问》、《春秋答问》、《尚书大义》、《中庸讲疏》、《孔子正言》等,其书"正先儒之迷,开古圣之旨"(《梁书·武帝纪下》)。

在梁武帝的推动下,其后诸帝也受到较好的儒学教育,如简文帝萧纲"博综儒书,善言玄理",曾讲解梁武帝的《五经讲疏》,梁元帝萧绎"既长好学,博总群书",著有《周易讲疏》十卷,《内典博要》一百卷。其他形式的官学教育机构,还有像昭明太子在东宫"引纳才学之士,赏爱无倦。恒自讨论篇籍,或与学士商榷古今;闲则继以文章著述,率以为常。于时东宫有书几三万卷,名才并集,文学之盛,晋宋以来,未之有也"(《梁书·昭明太子传》)。

南朝儒学在梁代发展达到鼎盛时期,清代学者焦循指出:"正始以后,人尚清谈。迄晋南渡,经学盛于北方。大江以南,自宋及齐,遂不能为儒林立传。梁天监中,渐尚儒风,于是《梁书》有《儒林传》。《陈书》嗣之,仍梁所遗也。[①]"梁朝之前,未见有为儒林立传者,自梁时才有专门的儒林传。

在当时儒、道、佛三教既冲突又融合的背景下,梁武帝提出"三源"说,不仅促进了正统儒学的发展,而且使儒学融合佛道二教内容而日益丰富。《陈书·卷三十三·儒林传序》这样评价梁时儒学的发展:"自两汉登贤,咸资经术。魏、晋浮荡,儒教沦歇,公卿士庶,罕通经业矣。宋、齐之间,国学时复开置。梁武帝开五馆,建国学,总以《五经》教授,经各置助教云。武帝或纡銮驾,临幸庠序,释奠先师,躬亲试胄,申之醼语,劳之束帛,济济焉斯盖一代之盛矣。"

---

① 皮锡瑞:《经学历史》,中华书局 1959 年版,第 183 页。

苏绰《六条诏书》

北朝西魏时代,宇文泰执政。西魏恭帝三年(556)正月,宇文泰重用苏绰、卢辩等进行改革。大统七年(541),苏绰总结历代治国统治经验成文六篇,朝廷以诏书形式颁布天下,时称"六条诏书"。它全文不足五千言,但是内容却涉及儒学的一系列基本思想和基本观念,不仅是一篇极为难得的治国方略,而且是魏晋南北朝儒学史上的一篇佳作。

北朝自北魏孝文帝开始推行汉化,在思想和意识形态方面都认同儒学,崇儒之风兴盛,出现了一批儒家学者,如徐遵明、崔浩、刘献之、卢辩、熊安生、颜之推、苏绰等。侍中羊深曾请修国学,上书曰:"臣闻崇礼建学,列代之所修;尊经重道,百王所不易。是以均塾洞启,昭明之颂载扬;胶序大阐,都穆之咏斯显。伏惟大魏,乘乾统物,钦若奉时,模唐轨虞,率由前训。重以高祖继圣垂衣,儒风载蔚,得才之盛,如彼薪槱。固以追隆周而并驱,驾炎汉而独迈。宣皇下武,式遵旧章,用能揄扬盛烈,聿修厥美。自兹已降,世极道消,风猷稍远,浇薄方竞,退让寂寥,驰竞靡节。进必吏能,升非学艺。是使刀笔小用,计日而期荣;专经大才,甘心于陋巷。然治之为本,所贵得贤,苟值其人,岂拘常检?三代、两汉,异世间出。或释褐中林,郁登卿尹;或投竿钓渚,径升公相。事炳丹青,义在往策。彼哉邈乎,不可胜纪。……且魏武在戎,尚修学校;宣尼确论,造次必儒。臣愚以为宜重修国学,广延胄子,使函丈之教日闻,释奠之礼不阙。并诏天下郡国,兴立儒教。考课之程,咸依旧典。苟经明行修,宜擢以不次。抑斗筲喋喋之才,进大雅汪汪之德。博收鸿生,以光顾问;綦维奇异,共精得失。使区寰之内,竞务仁义之风;荒散之余,渐知礼乐之用。岂不美哉!臣诚暗短,敢慕前训,用稽古义,上尘听览。伏愿陛下,垂就日之监,齐非烟之化,倘以臣言可采,乞特施行。"(《魏书·羊深传》)羊深上书得到魏主同意。梁大同元年(535)北魏分裂为东、西两魏。西魏宇文泰以神农炎帝后人自称,表明自己是西周的真正传人,并以周礼之制改造西魏,以弥补当年孔子不能恢复周礼之遗憾。魏晋以来儒术舛乱,而宇文泰则独"雅好经术","求阙文于三古,得至理于千载,黜魏晋之制度,复姬旦之茂典"(《北史·儒林传》)。西魏文帝大统元年(535),宇文泰起用苏绰为行台郎中,任用苏绰进行了一系列改革。

苏绰(498—546),字令绰,京兆武功县(今陕西武功西)人,南北朝时期西魏名臣。苏绰年少好学,博览群书,尤善算术。宇文泰时期,苏绰任行台郎中,助其改革制度,推行汉化,并根据《周礼》改定官制,对北朝此后的思想、政治、文化影响深远。大统十二年(546),苏绰病逝于任内,享年四十九岁。

大统五年(539),儒臣寇儁"选置令史,抄集经籍,四部群书,稍得周备"(《周书·寇儁传》)。宇文泰又命苏绰与大儒卢辩依《周礼》改官建制,"设六官,置公卿大夫士,并撰次朝仪,车服器用,多依古礼"(《周书·卢辩传》)。大统十一年(545),宇文泰令苏绰仿《周书》作《大诰》,规定"自今言意依此体"(《资治通鉴》卷159)。由此,苏绰以儒学思想为指导形成了西魏思想意识形态,其中占有最重要地位的是苏绰《六条诏书》。

《六条诏书》颁布于梁大同七年(541)九月,其内容为:先治心,敦教化,尽地利,擢贤良,恤狱讼,均赋役。(苏绰《六条诏书》见于《北史》卷六十三、《全后魏文》卷五十五,以下引文同。)

苏绰强调,"凡治民之礼,先当治心",因为:"心者,一身之主,百行之本。心不清净,则思虑妄生。思虑妄生,则见理不明。见理不明,则是非谬乱。是非谬乱,则一身不能自治,安能治民也!是以治民之要,在清心而已。"如欲把民众管理好,治理好社会,必须从自身做起,使思想保持清静。"夫所谓清心者,非不贪货财之谓也,乃欲使心气清和,志意端静。心和志静,则邪僻之虑,无因而作。邪僻不作,则凡所思念,无不皆得至公之理。率至公之理以临其民,则彼下民孰不从化。是以称治民之本,先在治心。"这表明,苏绰所谓"清心"的观念除了对传统儒学的继承外,还受到魏晋以来玄学思想的影响。心清之后,就是修身,故苏绰又言"治身"。苏绰特别对人君提出要求:"凡人君之身者,乃百姓之表,一国之的也。表不正,不可求直影;的不明,不可责射中。今君身不能自治,而望治百姓,是犹曲表而求直影也;君行不能自修,而欲百姓修行者,是犹无的而责射中也。故为人君者,必心如清水,形如白玉。躬行仁义,躬行孝悌,躬行忠信,躬行礼让,躬行廉平,躬行俭约,然後继之以无倦,加之以明察。行此八者,以训其民。是以其人畏而爱之,则而象之,不待家教日见而自兴行矣。"

其二为"敦教化"。苏绰十分重视教化的功能,因为"性无常守,随化而迁"。中国上千年来一直以儒学来教化育人,"化于敦朴者,则质直;化于浇伪者,则浮薄"。所以"治乱兴亡,无不皆由所化也"。何谓化?苏绰曰:"夫化者,贵能扇之以淳风,浸之以太和,被之以道德,示之以朴素。使百姓亹亹,中迁于善,邪伪之心,嗜欲之性,潜以消化,而不知其所以然,此之谓化也。"何谓教?苏绰曰:"教之以孝悌,使民慈爱;教之以仁顺,使民和睦;教之以礼义,使民敬让。慈爱则不遗其亲,和睦则无怨于人,敬让则不竞于物。三者既备,则王道成矣。此之谓教也。先王之所以移风易俗,还淳反素,垂拱而治天下以至太平者,莫不由此。此之谓要道也。"在苏绰看来,教化之道不仅关系人性善恶,而且关系到国家政治好坏、人心向背,这一点完全继承了儒家传统对"教化"的理解。

其三是"尽地利"。在苏绰看来:"人生天地之间,以衣食为命。食不足则饥,衣不足则寒。饥寒切体,而欲使民兴行礼让者,此犹逆坂走丸,势不可得也。是以古之圣王,知其若此,故先足其衣食,然后教化随之。"孔子提倡"先富后教",《管子·牧民》曰:"仓廪实而知礼节,衣食足而知荣辱。"要教化民众,使其知礼,首先要衣食充足,如何做到衣食充足?"在于地利尽"。如何做到"地利尽"? 在于"劝课有方",主要就是不夺农时,做到春耕夏种,秋收冬藏。因此,"善为政者,必消息时宜而适烦简之中"。做官者应该如《诗》中所说:"不刚不柔,布政优优,百禄是求。"

其四是"擢贤良"。苏绰曰:"天生蒸民,不能自治,故必立君以治之。人君不能独治,故必置臣以佐之。上至帝王,下及郡国,置臣得贤则治,失贤则乱,此乃自然之理,百王不能易也。"儒家向来推崇为政以德,举贤任能,《中庸》曰:"为政在人,取人以身,修身以道,修道以仁。"执政的好坏关键是执政者,就是能否得到贤臣,而贤臣最重要的品质是他自身的修养,要修正自身,就必须加强自己的道德品质。在苏绰看来:"自昔以来,州郡大吏,但取门资,多不择贤良;末曹小吏,唯试刀笔,并不问志行。夫门资者,乃先世之爵禄,无妨子孙之愚瞽;刀笔者,乃身外之末材,不废性行之浇伪。若门资之中而行贤良,是则策骐骥而取千里也;若门资之中而得愚瞽,是则土牛木马,形似而用非,不可以涉道也。"魏晋以来,采取"九品中正制"来选取官吏,致使出现"上品无寒门,下品无势族"的局面,世家大族无论有无才能品德,都能占据高官要位,而出身寒微之士则受到压制,才德标准也逐渐被忽略。苏绰提出:"今之选举者,当不限资荫,唯在得人。"非常难得的是,苏绰还提出,对下层官吏的选拔,不应仅以是否有"材艺"为本,如果有材艺且正直,那可以因其材而为治;反过来说,如果有材艺,但是为人奸伪,也就是说,材艺与志行并不一致,虽有某种材艺,但是品德很差,这种人也不可用:"必先择志行,其志行善者,则举之;其志行不善者,则去之。"而今择人者多云:"邦国无贤,莫知所举"。苏绰感叹:"此乃未之思也,非适理之论。"他引仲尼之言曰:"十室之邑,必有忠信如丘者焉。"因此,"岂有万家之都,而云无士"。他主张因事立官,反对因人设庙,因为:"善官人者必先省其官。官省,则善人易充,善人易充,则事无不理;官烦,则必杂不善之人,杂不善之人,则政必有得失。"这一点直到今天仍有其现实意义。在任用官吏方面,要裁冗省官,任人唯贤,而非坐等贤人出现。故:"凡求贤之路,自非一途。然所以得之审者,必由任而试之,考而察之。起于居家,至于乡党,访其所以,观其所由,则人道明矣,贤与不肖别矣。率此以求,则庶无怨悔矣。"

其五为"恤狱讼"。苏绰将儒道墨法思想相结合,认为"人受阴阳之气以生,有情有性。性则为善,情则为恶。善恶既分,而赏罚随焉。赏罚得中,则恶止而善劝;赏罚不中,则民无所措手足。民无所措手足,则怨叛之心生。是以先王重之,特加戒慎。"人的行为有善恶之分,赏善罚恶能起到警戒作用,狱讼为赏罚最有利之工具,故治狱之官极为重要。治狱之官应该做到"精心悉意,推究事源",并能够"先之以五听,参之以证验,妙睹情状,穷鉴隐伏,使奸无所容,罪人必得"。并能够根据轻重曲直,斟酌礼律,"远明大教,使获罪者如归","此则善之上也"。但是并不一定每个治狱之官都做到如此地步,故应当做到"率至公之心,去阿枉之志,务求曲直,念尽平当"。他从儒家思想出发,认为治狱应当"深思远大,念存德政",并引用先王之制指出"与杀无辜,宁赦有罪;与其害善,宁其利淫"。刑狱之事一定要谨慎从事,做到止恶扬善。究其原因,苏绰曰:"夫人者,天地之贵物,一死不可复生。然楚毒之下,以痛自诬,不被申理,遂陷刑戮者,将恐往往而有。是以自古以来，设五听三宥之法，著明慎庶狱之典，此皆爱民甚也。"《周礼·秋官·小司寇》提到五种审案方法："一曰辞听，二曰色听，三曰气听，四曰耳听，五曰目听。"《周礼·秋官·司刺》也提到三宥之法："壹宥曰不识，再宥曰过失，三宥曰遗忘。"《孔子家语·刑政》提到孔子曰："成狱成于吏，吏以狱成告于正，正既听之，乃告大司寇。听之，乃奉于王。王命三公、卿士参听棘木之下，然后乃以狱之成疑于王。王三宥之以听命而制刑焉。"苏绰极为强调人的生命的宝贵，他认为，如何错杀无辜，就可能伤天心，损和气，最后造成"一夫吁嗟，王道为之倾覆"的后果。

其六是"均赋役"。苏绰曰："圣人之大宝曰位。何以守位曰仁，何以聚人曰财。明先王必以财聚人，以仁守位。"苏绰认为，以财聚人、以仁守位，这是王道政治的基础。《论语·季氏》中孔子指出："有国有家者，不患寡而患不均，不患贫而患不安。盖均无贫，和无寡，安无倾。"这里说明了儒家的治国主张，苏绰指出："夫平均者，不舍豪强而征贫弱，不纵奸巧而困愚拙，此之谓均也。"取财于民，实属不易，应该心存体恤之情，如果"致令贫弱者或重徭而远戍，富强者或轻使而近防"，如果不存恤民之心，"皆王政之罪人也"。

苏绰所制定的六条诏书，是为宇文泰实现强国富民的理想而提出的治国方略。其王道仁政学说和人性理论，在中国儒学史上占有一定地位。诏书以治心为纲，以教化为径，以儒家所提倡的忠、孝、仁、义、礼、爱、和、平等为伦理道德规范。苏绰甚至给人君制定了伦理道德规范，他说："故人君者……躬行仁义，躬行孝悌，躬行忠信，躬行礼让，躬行廉平，躬行俭约，然后继之以无倦，加之以明察。行此八者以训其人。是以其人畏而爱之，则而象之，不待家教日见而自兴行矣。"苏绰人性论继承了儒家人性论中以人为贵的理念，指出"天地之性，唯人为贵"，因为人有"中和之心，仁恕之行"，这是人与其他动物相区别的根本。苏绰又继承儒家性善恶论的观点，提出"性无常守，随化而迁"，善恶可随外界因素的影响而改变，如欲保持人性之善，一方面在于教化，一方面在于提升个人修养。苏绰诏书的价值取向是以儒家为主导，以墨法为辅助，以实现儒家政治理想为目标。如果能真正实现苏绰所说的由治心到治身的修炼，那就是尧舜境界了。

苏绰《六条诏书》不仅上承周制，而且下接隋唐盛世，真正实现了学术与政务的融合。唐朝令狐德棻赞扬："太祖提剑而起，百度草创。施约法

之制于竞逐之辰,修治定之礼于鼎峙之日。终能斫雕为朴,变奢从俭,风
化既被,而下肃上尊;疆埸屡扰,而内亲外附。斯盖苏令绰之力也。"(《周
书·苏绰传》)南宋叶适也赞叹道:"自宇文泰起接隋唐,百年中精神气脉,
全在苏绰一人。"(《习学记言序目》)

南　学

　　东晋之后，随着政治上的南北对峙，经学也分立为南学与北学。南北朝时期南方的经学称为南朝经学。晋室南渡后，南朝一百六十多年的历史，是血雨腥风，动荡不安的历史，思想的发展也随之跌宕起伏、多元并起。《南史·卷七十一·儒林》曰："逮江左草创，日不暇给，以迄宋、齐，国学时或开置，而劝课未博，建之不能十年，盖取文具而已。是时乡里莫或开馆，公卿罕通经术。朝廷大儒，独学而弗肯养众；后生孤陋，拥经而无所讲习，大道之郁也久矣乎！"南朝经学成业盖寡矣。从学术风格上讲，南朝经学深受玄学影响，能博取众家之长，又喜标新立异，哲学思辨性较高，解经偏重于义理，不甚注重文字训诂。从习经范围上讲，南北朝时期所研究经书主要有《周易》、《尚书》、《毛诗》、《三礼》、《春秋三传》、《论语》、《孝经》。《隋书·儒林传序》云："南北所治，章句好尚，互有不同。江左《周易》则王辅嗣，《尚书》则孔安国，《左传》则杜元凯；河洛《左传》则服子慎，《尚书》、《周易》则郑康成，《诗》则并主于毛公，《礼》则同遵于郑氏。"《北史·儒林传序》云："《论语》、《孝经》，诸生莫不通习。"

　　南朝经学经由东晋玄学化经学发展而来，在宋武帝、宋文帝、齐高帝、齐武帝时期逐渐发展，至梁武帝时大盛。据《南史·卷七十一·儒林》载，南朝儒家学者众多，有伏曼容、伏暅、伏挺、何佟之、严植之、司马筠、卞华、崔灵恩、孔佥、卢广、沈峻、太史叔明、沈文阿、孔子祛、皇侃、沈洙、戚衮、郑灼、张崖、陆诩、沈德威、贺德基、全缓、张讥、顾越、龚孟舒、沈不害、王元规、陆庆等。

　　刘宋时期经学大师有周续之、雷次宗、关康之。周续之学上承范宁与释慧远，先是通《毛诗》、《礼论》，注《公羊传》，被同门称为"颜子"；又喜读《老》、《易》，后跟从沙门释慧远，与刘遗民、陶渊明号称"浔阳三隐"。雷次宗少入庐山，师事沙门释慧远，又明《三礼》、《毛诗》，著有《毛诗序义》二卷、《略注丧服经传》一卷(均佚)。关康之尤善《左氏春秋》,著有《易注》、《毛诗义》、《礼论》(均佚)。三位经学大家广授门徒,促进了刘宋经学的发展。

萧齐时期的经学大师有刘瓛、沈驎士、吴苞、徐伯珍、伏曼容、何佟之、陆澄、王俭等。刘瓛博通《五经》,以儒学冠于当时,著有《周易乾坤义》一卷、《周易四德例》一卷、《周易系辞义疏》二卷、《丧服经传义疏》一卷、《毛诗序义疏》一卷。其弟子有范缜、严植之、刘绘、何胤、司马筠等。严植之遍习各类经书如《丧服》、《孝经》、《论语》、《礼》、《周易》、《毛诗》、《左氏春秋》等,著有《孝经注》一卷(佚)。何胤曾三为梁《五经》博士,司马筠则博通经术,惜历史之颠沛,其著述不可考。沈驎士博通经史,注《易经》、《礼记》、《春秋》、《尚书》、《论语》、《孝经》、《丧服》。其弟子著名者有何偃、沈峻、太史叔明、孔休源等。沈峻博通《五经》,尤长《三礼》,曾为梁《五经》博士。太史叔明善《庄》、《老》、《孝经》、《论语》、《礼记》,尤精"三玄",著有《论语集解》十卷、《孝经义》一卷。沈峻儿子沈文阿,通《三礼》、《三传》,曾为《五经》博士,著有《仪礼》八十余条,《经典大义》十八卷,《春秋左氏经传义略》二十五卷。宋齐之世专讲经者另有吴苞、徐伯珍、伏曼容、何佟之等。

梁陈之时,较为著名之经师有贺玚、周弘正等。贺玚尤明《三礼》、《孝经》、《论语》,著有《礼》、《易》、《老》、《庄》讲疏,《宾礼仪注》一百四十五卷,《礼记新义疏》二十卷,《礼论要钞》一百卷,《丧服义疏》二卷。周弘正善清谈,兼明释典,著有《周易讲疏》十六卷、《论语疏》十一卷、《孝经疏》二卷、集二十卷。周弘正弟子著名者有吴明彻、陆瑜、张讥、陆德明等。

自东晋偏安江左以来,儒学不振,在南齐初却出现了"衣冠翕然,并尚经学,儒教于此大兴"的局面,这跟帝王的支持有直接的关系。南齐诸帝虽然都是武将出身,但大多热爱经史,热心办学。齐高帝萧道成年少时追随大儒雷次宗研习儒家经典及《左氏春秋》,热爱经史;武帝萧赜也是以儒学宰世,永明三年诏"宜高选学官,广延胄子",永明四年国子讲孝经,车驾幸学,赐国子祭酒、博士。明帝萧鸾于建武四年诏"式依旧章,广延国胄,弘敷景业,光被后昆",永泰元年诏"可式循旧典,详复祭秩,使牢饩备礼,钦飨兼申"。再加之硕学鸿儒像王俭、陆澄等的推动,南齐经学得到很好的发展,在南北文化的正统之争中居于有利地位。至南朝梁时期,南朝经学的发展又经历了一个高峰时期,这同样离不开梁武帝的倡导和努力。梁武帝年轻时修习儒业,熟读六经,虽则中年时曾信仰道教,后改信佛教,但是儒家礼乐始终是他治国之根本,他认为:"建国君民,立教为首,砥身砺行,由于经术。"(《梁书·卷四八·儒林传序》)梁武帝即位后大启庠序之教,开五馆,建国学,以《五经》教授,并于大同七年(541)于宫城西立士林馆,梁武帝还亲自登台讲授经学。在梁武帝的鼓励下,社会上学习、钻研儒学经籍的热潮高涨,使梁朝儒学出现了中兴的局面,从而促进了南朝经学的进一步发展。皮锡瑞《经学历史》中指出:"惟梁武起自诸生,知崇经术;崔、严、何、伏之徒,前后并见升宠,四方学者靡然向风。"

　　南朝经学不仅发展魏晋学风,并且兼用老、庄玄学,同时又受佛教影响,所以具有较强的哲学思辨能力,这也是南朝儒学的共同特点。如《南史·儒林》指出,严植之"少善《庄》、《老》,能玄言,精解《丧服》、《孝经》、《论语》",太史叔明"少善《庄》、《老》,尤精三玄",张讥"笃好玄言",顾越"特善《庄》、《老》"。不仅如此,南朝经学家往往不拘一家之说,博习群经,采会同异,注疏讲经,以表达本人之思想,体现出思想大融合的特点。可惜南学著作佚失者较多,现存南朝经学代表作仅有皇侃所撰《论语义疏》。

北　学

　　北朝经学是指南北朝时期北方的经学。中国北方自进入五胡十六国（304—439）始，至北魏统一北方地区后，转入北朝时期，与南朝对峙。经过数百年戎马倥偬的生活，北方少数民族统治者迫切希望建立稳定的政治制度，消除民族界限，融入汉族文化，所以他们实行汉化政策，热心提倡经学研究和教育。在这种社会背景下，一个新的经学学派——北学，就此产生了。

　　当然，"北学"并非真正的新学术，但是从学术风格上讲，确实与两汉儒学及南朝经学迥然不同，《北史·卷八十一·儒林传》形容南北方经学的特点："南人约简，得其英华；北学深芜，穷其枝叶。考其终始，要其会归，其立身成名，殊方同致矣。"北魏学者李业兴曾出使南朝，梁武帝问："儒、玄之中何所通达？"李答："止读五典，至于深义，不辨通释。"武帝问："《易》曰太极，是有、无？"李答："少为书生，止习五典……所传太极是有。素不玄学，何敢辄酬！"（《魏书·儒林传》）此足以显示北学与南学的分歧。北朝经学上承汉朝经学，以章句义疏为宗，墨守郑玄经学，且受到道家思想影响。据《北史·儒林传》记载："江左，《周易》则王辅嗣，《尚书》则孔安国，《左传》则杜元凯。河洛，《左传》则服子慎，《尚书》、《周易》则郑康成。《诗》则并主于毛公，《礼》则同遵于郑氏。"北学重郑玄注，如《周易》、《尚书》、《毛诗》、三《礼》及《论语》、《孝经》等均用郑玄注，同时引用纬书；左氏学用服虔注，《公羊传》用何休注。

　　北朝统治者大都尊崇儒家经典，重视儒者。道武帝拓跋珪曾问儒者李先："天下何书最善，可以益人神智？"李先答道："唯有经书。三皇五帝治化之典，可以补王者神智。"道武帝"虽日不暇给，始建都邑，便以经术为先"，并建太学，置五经博士。明元帝拓跋嗣时立教授博士，太武帝拓跋焘时大征儒者卢玄、高允等，并令州郡各举才学。献文帝拓跋弘时期，曾令大郡、次郡、中郡、下郡各立博士。整个北朝期间,北魏孝文帝时经学最盛。孝文帝推行改革,使北魏汉化程度进一步加深,又建明堂、辟雍、尊三老五更、立国子太学、四门小学等。宣武帝时诏营国学、树小学于四门,大选儒生以为小学博士。即便北魏分裂为东魏和西魏,同样能够礼尊儒者,复兴经学。东魏引进当时名儒授皇太子、诸王经术,西魏亦雅重经典,引用大儒景宣修订礼仪。北周时期宇文邕曾亲临太学,并引来南梁经师沈重,以礼敬事大儒熊安生。在历代北朝统治者的扶持下,经学重振,儒者显荣,儒学成为儒释道三教之首。经学在经历魏晋衰微时期后,于北朝兴盛起来。

据《北史·儒林传》,北朝儒者有梁越、卢丑、张伟、梁祚、平恒、陈奇、刘献之、张吾贵、刘兰、孙惠蔚、灵晖、徐遵明、董徵、李业兴、李崇祖、李铉、冯伟、张买奴、刘轨思、鲍季祥、邢峙、刘昼、马敬德、马元熙、张景仁、权会、张思伯、张雕武、郭遵等。北魏经师知名者有常爽、刘献之、张吾贵、刘兰、徐遵明、李业兴等,其中以徐遵明影响最大。徐遵明博通经籍,学徒遍天下,曾著《春秋义章》三十卷。其弟子著名者有卢景裕、李铉、熊安生、刘昼等。卢景裕为范阳大户卢氏之后,世代以儒雅著称,其本人不营世事,惟在注解。曾著《周易》、《尚书》、《孝经》、《论语》、《礼记》,又注《毛诗》、《春秋左氏》等。熊安生是北学代表人物之一,他通五经,精《三礼》,极受周武帝器重,"待熊生以殊礼"(《周书·儒林传》),即以礼敬事熊安生。曾撰《周礼义疏》二十卷,《礼记义疏》四十卷,《孝经义疏》一卷。其弟子著名者有马荣伯、张黑奴、窦士荣、孔笼、刘焯、刘炫等。其中史上有名的"二刘"即刘焯、刘炫,及房晖远、张文诩等,为北朝末隋初经学家,深受北朝经学熏染,又对隋唐经学之发展产生了重要影响。

北朝经学家大多涉猎广泛,他们不仅通晓经学,且博览群书。如刘兰精通经传,又明阴阳,"博物多识";李业兴"博涉白家、图纬、风角、天文、占候、无不讨练,尤长算历",樊深"又读诸史及《仓》、《雅》、篆、籀、阴阳、卜筮之书"。据《北史·儒林传》,北朝经师记入传中者有 52 人,其中有因梁亡而由南入北者,如沈重、何妥、萧该、包恺、褚晖、顾彪、鲁世达、张冲等,这些学者皆博通经典,他们入北在一定程度上打破了南北学术之间的壁垒,促进了南北方经学的融合。

魏晋南北朝目录学

经籍目录分类学与儒家经学的发展有着密切的关系。魏晋南北朝时期书籍分类目录有四部分类法、七录分类法。所谓四部分类法，指魏晋时期秘书监荀勖与张华一起，按照书目类例上的甲、乙、丙、丁四分法对十万卷书籍进行整理校勘，之后东晋李充调整了乙、丙两部，确定了经、史、子、集的四部次序。后阮孝绪凭一己之力校遍群籍，编撰了南朝时期最重要的书目之一《七录》，吸收传统的六分法及魏晋以来的四分法，自成新例，开私人编纂目录之先河。

一、中经新簿

据《隋书·经籍志》序云："魏氏代汉，采掇遗亡，藏在秘书、中、外三阁。魏秘书郎郑默始制《中经》。""中经"即国家内部藏书目录的意思。至西晋武帝时期，秘书监荀勖与中书令张华在编辑整理书籍时，得到汲冢竹书，于是便仿郑默的《中经》编成《中经新簿》。

先秦时期孔子整理文献时，是分编为《六艺》即诗、书、礼、易、乐、春秋，每类各有其书，可称得上"六分法"。西汉刘向、刘歆父子编辑《七略》时，分为辑略、六艺略、诸子略、诗赋略、兵书略、术数略、方技略七大部分，其中辑略为总序，故也是六分法。魏人郑默，曾任秘书郎，将宫廷藏书分类编撰目录《中经》（又称《魏中经簿》。而荀勖及张华《中经新簿》可称得上四部分类法的始创者。

荀勖字公曾，颍川颍阴人，西晋著名文学家、史学家。在该书中，荀勖等打破了原先的体例，将各类图书分为甲、乙、丙、丁四类，初步建构了目录学上四部分类法的模式。阮孝绪《七录》序云："晋领秘书监荀勖因魏《中经》，更著《新簿》，分为十有余卷，而总以四部别之。"《古今书最》对所收卷部作了具体说明："晋《中经簿》：四部书一千八百八十五部，二万九百三十卷。其中十六卷，佛经书簿少二卷，不详所载多少。一千一百一十九部亡,七百六十六部存。"《隋书·经籍志》序曰:"魏秘书郎郑默始制《中经》。荀勖又因《中经》更著《新簿》。分为四部,总括群书。一曰甲部:纪六艺及小学等书;二曰乙部:有古诸子家、近世子家、兵家、兵书、术数;三曰景(丙)部:有史记、旧事、皇览薄、杂事;四曰丁部:有诗赋、图赞、汲冢书。大凡四部。合二万九千九百四十五卷。"《新簿》始分为四类,其甲乙丙丁的次序尚为经子史集,与后来经史子集的次序略异。经部收录儒家经典,如《诗》、《书》、《易》、《礼》、《春秋》等汉代始称为"五经"。史部收录《史记》、《汉书》之类,以及地理类、目录类书。子部收录《庄子》、《韩非子了》等,包括儒道类书。集部收录如《唐五十家诗集》等诗文集及文学评论、戏曲方面的书。荀勖的《中经新簿》作为一部综合性的国家藏书目录,是对目录分类体制的变革。

二、晋元帝书目

东晋时期,李充《晋元帝书目》,对荀勖的乙、丙两部位置进行了调整,确定了经、史、子、集四分法的部次并"秘阁以为永制"。李充,字弘度,江夏钟武(今河南信阳附近)人,东晋初任大著作郎。时值战乱,文献典籍混乱不堪,官府搜集了一批藏书,令李充予以整理。李充依荀勖《中经新簿》加以校订,并编集目录,史称《晋元帝书目》。此目录参照《中经新簿》四部分类,仍然以类相从,只是将乙、丙两部次序互换,以五经为甲部,史记为乙部,诸子为丙部,诗赋为丁部,将荀勖经子史集的四部分类法改易为经史子集,这一新的四部分类法此后被历代沿袭。钱大昕《元史·艺文志》:"自刘子骏校理秘文,分辞书为六略……是时固无四部之名,而史家亦未别为一类也。晋荀勖撰《中经簿》,始分甲乙丙丁四部,而子犹先于史。至李充为著作郎,重分四部,五经为甲部,史记为乙部,诸子为丙部,诗赋为丁部,而经史子集之次始定。厥后王亮、谢朓、任昉、殷钧撰书目,皆循四部之名。虽王俭、阮孝绪析而为七,祖暅别而为五,然隋唐以来志经籍艺文者,大率用李充部叙而已。①"

三、七录

南朝梁目录学家阮孝绪仿《七略》,勘酌王(俭)、刘(歆),吸取荀勖、李

---

① 钱大昕:《嘉定钱大昕全集》,江苏古籍出版社 1997 年版。

充之长,作成《七录》十二卷。该目早佚,《广弘明集》中载有《七录》序,成为研究中国目录学的一篇重要文献。阮孝绪字士宗,南朝梁陈留尉氏(今河南开封附近)人,笃好文献,博采宋、齐以来典籍,凡王公之家有收藏,必与官府目录参校,于普通四年(523)总集众家,编成《七录》。《七录》分为内外两篇,内为五录,外为两录。《隋书·经籍志》:"普通中,有处士阮孝绪,沉静寡欲,笃好坟史,博采宋、齐已来,王公之家凡有书记,参校官簿,更为《七录》:一曰《经典录》,纪六艺;二曰《纪传录》,纪史传;三曰《子兵录》,纪子书,兵书;四曰《文集录》,纪诗赋;五曰《技术录》,纪数术;六曰《佛录》;七曰《道录》。其分部题目,颇有次序,割析辞义,浅薄不经。"意思为,《七录》分为内篇有五:(1)《经典录》9 部(易、尚书、诗、礼、乐、春秋、论语、孝经、小学等部)。(2)《纪传录》12 部(国史、注历、旧事、职官、仪典、法制、伪史、杂传、鬼神、土地、谱状、簿录等部)。(3)《子兵录》11 部(儒、道、阴阳、法、名、墨、纵横、杂、农家、小说、兵家等部)。(4)《文集录》4 部(楚辞、别集、总集、杂文等部)。(5)《技术录》10 部(天文、竞纬、历算、五行、卜、速、杂占、刑法、医经、经方、杂艺等部)。外篇有二:(1)《佛法录》5 部(戒律、禅定、智慧、疑似、论记等部)。(2)《仙道录》4 部(经戒、服饵、房中、符图等)。以上共七录总计 55 部,收书 6288 种,8540 帙,计 44526 卷。

阮孝绪所编之《七录》,远超刘向《七略》和王俭《七志》,可以说已极尽当时目录学史上编集之能事。他搜集自宋、齐以来公私所藏典籍,尽力罗致。凡遇图书与官修不一致者,皆悉家勘对,随时更新。《七录》是当时最为完备的综合目录,特别是其中第二录《纪传录》即史部目录,使史学从以往儒学附庸的地位独立出来,表现出阮孝绪的学术见识。《隋书·经籍志》即据此编写,此后遂成为各纪传史书经籍志之成例。《七录》在四部分类法的初创与最终被确定之间,起到了承前启后的桥梁作用。余嘉锡《目录学发微》中说:"王、阮二家虽同法《七略》,而王意返古,阮之类例,则斟酌于古今之间,就书之多少分部,不徒偏重理论,自序言之甚明。后人泛以王阮并称者,非也。"

总起来说,魏晋南北朝时期经籍分类目录学得到了很好的发展,此后唐初官修《隋书·经籍志》即是参考魏晋时期目录学而撰成的一部重要史志目录。近两千年来,魏晋时期形成的四部分类法不但是对古代图书文献进行区分甲乙部次、条别异同、疏通伦类、辨章学术的重要发展阶段,而且是对中国传统学术、文化典籍的整体涵括,成为后世分类法的标准,是类分我国古籍的重要依据,为后代儒家学者考查图书残缺散佚情况及辨伪提供了可靠的资料。

范晔《后汉书》

范晔(398—445)出身儒学世家,祖范宁,父范泰。范晔出继从伯范弘之,范弘之亦以儒学知名。据沈约《宋书·范晔传》载,范晔被贬到宣城时,因不得志,乃删众家《后汉书》为一家之作。该书上起汉光武刘秀建武元年(25),下迄汉献帝建安二十五年(220)共 196 年的东汉历史,成十本纪、八十列传。范晔认为所著之书为"精意深旨"、"以正一代得失"。

意大利史学家、哲学家克罗奇在其专著《历史学的理论和实际》中提出:"一切历史都是当代史。"历史是客观存在的事实,然而记载历史、研究历史的人却是活在当下,人们总是用当下的思维去思考过去的历史。这种情况在范晔《后汉书》中体现无遗。范晔著书虽为汉代历史,但是他的人物评论标准是儒家的忠义思想,他注重分析整理,阐发见解,或抑或扬,推明儒学功效。南北朝时期《后汉书》初步流传,在唐代与《史记》、《汉书》并称"三史",清代被列入"四史"之一。

齐梁之际的沈约在《宋书》中为范晔立传,其中全文收录了《狱中与诸甥侄书》,其中称:"吾杂传论,皆有精意深旨,既有裁味,故约其词句。至于《循吏》以下及六夷诸序论,笔势纵放,实天下之奇作。其中合者,往往不减《过秦篇》。"范晔认为他所著《后汉书》:"自古体大而思精,未有此也。恐世人不能尽之,多贵古贱今,所以称情狂言耳。"说明了范晔对自己所撰史书的认识。梁代刘昭将西晋司马彪《续汉书》中的八志取出来补入范书。初唐李延寿在《南史》中也为范晔立传,指出范晔所著《后汉书》"至于屈伸荣辱之际,未尝不致意焉"。明代胡应麟称《后汉书》为"乱人之史",清章学诚《文史通义》中称赞范晔的《后汉书》为"专门独断之史裁"。

范晔生当儒学中衰时期,在《后汉书》中流露出他深沉的儒家情结,书中评论也体现了他以儒学为本、力图以史学重振儒学的深意。范晔在儒学发展史上的独特贡献值得重视。

《吴书》

　　《吴书》是三国时期东吴官方召集编撰的一部纪传体国史。该书始撰于孙权末年,初由韦昭主持撰写,后由薛莹完成此书。韦昭,又名韦曜,为学好古,博览群籍,孙权时期任黄门侍郎,孙亮即位,太傅诸葛恪辅政,韦昭"以其儒学,得与史官",被任命为太史令,撰写《吴书》,又令华覈、薛莹等参与编写。《三国志·卷六十五·韦曜传》:"孙亮即位,诸葛恪辅政,表曜为太史令,撰《吴书》,华覈、薛莹等,皆与参同。"《吴书》五十五卷成为研究吴国儒学的重要史料来源,也是陈寿《三国志》的主要取材来源之一。

　　韦昭撰书事见于《三国志·卷五十三·薛莹传》:"右国史华覈上疏曰:'……大皇帝末年,命太史令丁孚、郎中项峻始撰《吴书》。孚、峻俱非史才,其所撰作,不足纪录。至少帝时,更差韦曜、周昭、薛莹、梁广及臣五人,访求往事,所共撰立,备有本末。昭、广先亡,曜负恩蹈罪,莹出为将,复以过徙,其书遂委滞,迄今未撰奏。臣愚浅才劣,适可为莹等记注而已,若使撰合,必袭孚、峻之迹,惧坠大皇帝之元功,损当世之盛美。莹涉学既博,文章尤妙,同寮之中,莹为冠首。今者见史,虽多经学,记述之才,如莹者少,是以懔懔为国惜之。实欲使卒垂成之功,编于前史之末。奏上之后,退填沟壑,无所复恨。'皓遂召莹还,为左国史。"《三国志·卷五十二·步骘传》:"周昭者字恭远,与韦曜、薛莹、华覈并述《吴书》。"又见项峻《始学篇》、《隋书·经籍志》、《旧唐书·经籍志》及《新唐书·艺文志》均有著录。《中国历史大辞典·史学史卷》"吴书"条解释说:"三国吴韦曜撰。五十五卷。记三国时吴国历史,纪传体。吴大帝(孙权)末年,始命太史令丁孚、郎中项峻撰《吴书》;少帝(孙亮)时,更命韦曜、华覈、薛莹、周昭、梁广等共同访求往事,撰述国史。景帝(孙休)时,昭、广已去世,曜、莹又徙黜,史著中辍。其后曜独撰《吴书》,但因下狱被杀,未能最后完成。已佚。今有清王仁俊辑《吴书钞》,见《玉函山房辑佚书十编》。"

　　从以上材料可知,编撰此书的作者除韦昭外,尚有丁孚、项峻、周昭、薛莹、梁广、华覈等人,韦昭独终其书,定为五十五卷,可惜因不欲为废太子孙和作纪,为孙皓所忌恨,遂坐他事下狱被杀,未能最后完成。

　　《吴书》全书已佚,陈寿著《三国志》多有采录,《文选注》、《后汉书注》等亦有采录。《隋书·经籍志》、《新唐书·艺文志》中有著录,但是卷数不同。今有清王仁俊辑《吴书钞》,《玉函山房辑佚书补编》收有三条名为《吴书钞》。据以上辑佚书可知,《吴书》收录有孙吴诸多文臣武将,以及在《三国志》中不曾立传的儒家人物生平经历,如擅长《春秋》的沈珩,博学多识的赵咨等。

陈寿《三国志》

陈寿(233—297)字承祚,三国时期蜀汉及西晋著名史学家。陈寿少好学,师事大儒谯周,对《尚书》、《春秋》三传、《史记》、《汉书》等有深入的研究,有强烈的儒家正统思想。太康元年(280),陈寿四十八岁时,开始撰写《三国志》,历经十年艰辛,最终完成这一纪传体史学巨著。

《三国志》分《魏书》三十卷,《蜀书》十五卷,《吴书》二十卷,共计六十五卷,完整记叙了自魏文帝黄初元年(220)至晋武帝太康元年(280)60年的历史,与《史记》、《汉书》、《后汉书》并称"前四史"。《三国志》尊魏为正统,如实记录了三国鼎立的局势。陈寿叙事简略,记事翔实,被视为纪传体史学名著。但也有其不足之处,如在某些人的纪和传中有矛盾之处,且对曹魏和司马氏多有溢美之词,不甚合乎实际。

《三国志》提供了研究魏蜀吴三国儒家人物宝贵史料,如三国魏王朗传、荀彧传、荀攸传、管宁传、杜畿传、杜恕传、李典传、王粲传、刘劭传、傅嘏传、高堂隆传、钟会传等。蜀国向朗传、许慈传、尹默传、谯周传、郤正传等,吴国张纮传、严畯传、程秉传、阚泽传、薛综传、虞翻传、陆绩传、陆瑁传、陆凯传、韦曜传等。《三国志》非常生动的描述了当时儒生的状态和思想,在评价人物形貌时,以风度、才性、才情、文采等为标准;在评价人物的价值时,以品德、性格、生平、业绩、为官等为标准,认为遵循礼制、谨守孝谊、忠义诚信才是真英雄,这正是儒家的伦理规范。如对于高堂隆的记载:"泰山太守薛悌命为督邮。郡督军与悌争论,名悌而呵之。隆按剑叱督军曰:'昔鲁定见侮,仲尼历阶;赵弹秦筝,相如进缶。临臣名君,义之所讨也。'督军失色,悌惊起止之。后去吏,避地济南。"一个极具社会责任感热血沸腾拔刀而起的儒生形象跃然纸上。又如描述臧洪时载:"城中粮谷以尽,外无强救,洪自度必不免,呼吏士谓曰:'袁氏无道,所图不轨,且不救洪郡将。洪于大义,不得不死,念诸君无事空与此祸! 可先城未败,将妻子出。'将吏士民皆垂泣曰：'明府与袁氏本无怨隙，今为本朝郡将之故，自致残困，吏民何忍当舍明府去也！'初尚掘鼠煮筋角，后无可复食者。主薄启内厨米三斗，请中分稍以为糜粥，洪叹曰：'独食此何为！'使作薄粥，众分歠之，杀其爱妾以食将士。将士咸流涕，无能仰视者。男女七八千人相枕而死，莫有离叛。"陈寿对臧洪甚为夸赞。又如描绘袁涣时说他"举动必以礼"，称赞司马芝谨守孝道，诸如此类，比比皆是。

《三国志》完整记叙了汉末至晋初近百年中国由分裂走向统一的历史全貌，取材精审，文辞简约。作为一部私人修史的巨著，在成书之后，受到当时人们的好评和称赞，据传夏侯湛当时也在撰写《魏书》，见陈寿《三国志》而自毁己书。陈寿《三国志》自成书以来，经过了一千七百多年的流传，至今已成为三国儒学研究的重要史料来源。

干宝《晋纪》

　　干宝(？—351)，字令升，新蔡人，魏晋著名史学家。干宝自小博览群书，学识渊博，著述宏丰，横跨经、史、子、集四部。东晋初年，王导上疏荐著作郎干宝领国史："宜备史官，敕佐著作郎干宝等渐就撰集。"(《晋书》卷八二《干宝传》)干宝于是始撰《晋纪》。

　　《晋纪》自宣帝迄于愍帝，计五十三年，共 20 卷①，为编年体史书。据李剑国考证，书成于咸康元年(335)至二年(336)之间，完成于著作郎任上②。唐初时尤存，唐人以臧荣绪《晋书》为本修撰《晋书》，十八家晋史遂亡，干宝《晋纪》亦亡。严可均《全晋文》卷一二七辑其文，如《晋纪总论》、《晋纪论晋武帝革命》等。《晋纪》被《文选》李善注等多征引。

　　干宝史著多种，《晋纪》因其直而能婉，时称良史，为后世史学家所推崇。贯穿于《晋纪》中的匡时救世的儒家学说和参正得失的鉴戒史观，对研究魏晋儒学的发展有重要意义。

---

① 《隋书·经籍志》作 23 卷，《史通·古今正史》及《新唐书·艺文志》作 22 卷，《晋书·干宝传》记 20 卷。因其书已佚，不可详考。
② 李剑国：《干宝考》，《文学遗产》2001 年第 2 期。

裴松之《三国志》注

　　裴松之(372—451)字世期,河东闻喜(今山西闻喜)人,八岁即通《论语》《毛诗》,并博览典籍。年20入仕,历事晋宋两朝,年55岁时拜中书侍郎、司英二州大中正。陈寿卒后一百三十余年,宋文帝刘义隆"以《三国志》载事伤于简略",乃命裴松之为陈寿《三国志》作注。宋文帝元嘉三年(426)裴松之乃"鸠集传记,增广异闻",始为之注,至宋文帝元嘉六年(429),上表于朝,宋文帝夸赞道:"此为不朽矣。"(《宋书·裴松之传》)

　　裴松之《上三国志注表》云:"寿书铨叙可观,事多审正。诚游览之苑囿,近世之嘉史。然失在于略,时有所脱漏。臣奉旨寻详,务在周悉,其寿所不载而事宜存录者,罔不毕取。或同说一事而辞有乖杂,或出事本异疑不能判者,并皆钞内,以各异闻。"这里表明裴松之作注大旨"务在周悉",即将查漏补阙作为重要事宜。宋文帝认为陈寿注"伤于简略",裴注则"增广异闻",对陈寿书中未载之史事均补其阙佚,如《四库全书总目提要》指裴注:"一曰引诸家之论以辨是非,一曰参诸书之说以核讹异,一曰传所有之事详其委屈,一曰传所无之事补其阙佚,一曰传所有之人详其生平,一曰传所无之人附以同类。"再者是考辨原书中讹谬乖违者,并予以纠正,以附于注内。同时记载各家不同的意见,对史事及人物进行评论。用裴松之的说法,就是补阙、备异、惩妄、论辩。刘知几将裴注这种注体称为"补阙体"。如曹魏时期儒学的衰退现象,陈寿注有简单记载,裴注则在《王肃传》后董遇、贾洪传引《魏略》补充儒学发展状况,并详细描述太学建设情况。为了注释《三国志》,裴松之广泛收集三国时期的原始材料,翻阅了一百四十余册史书,采用当时的大量著作典籍文史资料,注文内容几近原文篇幅。其中所引的很多文献现已佚失,幸得裴注而保存,今成极为宝贵的历史资料。如陈寿《三国志》王弼传仅23字。裴注引何邵《王弼传》丰富了王弼生平与学说,又引孙盛《魏氏春秋》、《博物志》,为王弼思想研究提供了重要史料依据。又《魏书·武帝纪》,记载了曹操少时特征,裴注引《曹瞒传》,选取了曹操假装中风,详细描述了曹操少时的性格特征,丰富了人物性格。裴松之对书中记载如有疑问,常引用当时所见各种资料加以评论。裴注引用的魏、晋人著作多至二百一十种,其中能够在《隋书·经籍志》著录的已不到四分之三,因此,当时很多的著作文章因裴松之注而保存下来。

有学者以为裴松之注过于繁芜,如刘知几说:"次有好事之子,患广异闻,而才短力微,不能自达,庶凭骥尾,千里绝群,遂乃掇众史之异辞,补前书之所阙。若裴松之《三国志》,陆澄、刘昭《两汉书》,刘彤《晋纪》,刘孝标《世说》之类是也。"(《史通·补注》)叶适指出"注之所载,皆(陈)寿书之弃余"(《文献通考》卷 191《经籍考·三国志》条引)。《四库全书总目揾要》则指责裴注"或详或略,或有或无,亦颇为例不纯……故考证之家,取材不竭"。尽管如此,《四库全书总目提要》也表示了对裴注的赞赏,认为"详引诸书错互之文,折衷以归一是,其例最善"(《四库全书总目提要》卷四十七)。有很多学者认为裴注取材丰富,明胡应麟认为"裴松之之注《三国》也,刘孝标之注《世说》也,偏记杂谈,旁收博采,迨今藉以传焉,非直有功二氏,亦大有造诸家乎!"[①]清钱大昭赞其"搜罗缺佚,尤为功臣"(《三国志辨疑·序》)。清李慈铭则认为裴注"博采异闻,而多所折衷,在诸史注中为最善,注家亦绝少此体"(《越缦堂日记》)。客观来看,裴注所引材料大多记录完整,单就保存古代资料这一点说,就是极具价值的一部著作。裴注为史书注释开辟了新的广阔道路,也为魏晋儒学研究提供了重要的史料来源。裴松之《三国志注》也因其丰富的史料与独创的注体与刘孝标《世说新语注》、郦道元《水经注》、李善《文选注》一起被称为中国古代四大名注,且名列榜首。

---

① 胡应麟:《少室山房笔丛》卷十三乙部《史书占毕一·内篇》,中华书局 1959 年版,第 175 页。

沈约《宋书》

　　沈约(441—513)是南朝宋、齐、梁朝时期文学家、史学家。他出身门阀士族家族,世通《左氏春秋》,有深厚的儒学渊源。齐永明五年(487)春,沈约受齐武帝萧赜之命编撰《宋书》,到永明六年二月完成,历时不到一年,是廿四史中完成最快、用时最少的一部史书。

　　《宋书》共计 100 卷,含《本纪》10 卷,《列传》60 卷,《志》30 卷。据《宋书·自序》所载沈约《上宋书表》中说:"《本纪》、《列传》缮写已毕,合七帙七十卷。"由此可知,沈约在一年内完成的是《本纪》、《列传》70 卷,其中很多内容继承了何承天、山谦之、孙冲之、苏宝生、徐爰等人所撰《国史》,同时又多所创新,而《志》是以后陆续完成的。《上宋书表》有载:"宋故著作郎何承天始撰《宋书》,草立纪传,止于武帝功臣,篇牍未广。"《宋书》上起晋义熙元年(405),下迄宋升明三年(479),是一部记述刘宋兴亡的纪传体断代史。本书资料繁富,补《三国志》之缺,颂扬豪门士族,维护门阀制度。

　　南朝齐梁间史学家裴子野把《宋书》删减为 20 卷,称《宋略》,史家认为此《略》较沈约著为上。《梁书》卷三十《裴子野传》:"沈约所撰《宋书》既行,(裴)子野更删撰为《宋略》二十卷。其叙事评论多善,约见而叹曰:'吾弗逮也。'兰陵萧琛、北地傅昭、汝南周舍咸称重之。"《南史》卷三三《裴松之传》:"初,(裴)子野曾祖松之,宋元嘉中受诏续修何承天宋史,未成而卒,子野常欲继成先业。及齐永明末,沈约所撰《宋书》称'松之已后无闻焉'。子野更撰为《宋略》二十卷,其叙事评论多善,而云'戮淮南太守沈璞,以其不从义师故也'。约惧,徒跣谢之,请两释焉。叹其著作曰:'吾弗逮也。'兰陵萧琛言其评论可与《过秦》、《王命》分路扬镳。"

　　《宋书》此后被列入《二十四史》,说明它极具史料价值。特别是对儒家人物所作之传,如徐羡之传、傅亮传、傅隆传、孔琳之传、范泰传、王准之传、郑鲜之传、裴松之传、何承天传、范晔传、徐湛之传、颜延之传、袁粲传、宗炳传、周续之传、雷次宗传等,为研究南朝宋代儒学提供了重要史料。

参考文献

晁公武撰,孙猛校证:《郡斋读书志校证》,上海古籍出版社 1990年版。

曹道衡:《中古文学史论文集》,中华书局 2002 年版。

曹道衡、沈玉成:《中古文学史料丛考》,中华书局 2003 年版。

常璩著,任乃强校注:《华阳国志校补图注》,上海古籍出版社 1987年版。

陈寿撰,裴松之注:《三国志》,中华书局 1999 年版。

陈寅恪著:《金明馆丛稿初编》,生活·读书·新知三联书店 2001年版。

陈寅恪著,万绳楠整理:《魏晋南北朝讲演录》,黄山书社 1987 年版。

陈戍国:《中国礼制史·魏晋南北朝卷》,湖南教育出版社 2002 年版。

陈梦家:《尚书通论》,河北教育出版社 2002 年版。

崔宏:《十六国春秋》,中华书局 1985 年版,《丛书集成初编》本。

道宣:《广弘明集》,上海古籍出版社 2005 年版,《四部丛刊》本。

杜预:《春秋释例》,中华书局 1985 年版,《丛书集成初编》本。

杜佑:《通典》,中华书局 1988 年版。

《二十五史补编》编委会:《二十五史补编》,中华书局 1955 年版。

房玄龄等:《晋书》,中华书局 1999 年版。

高晨阳:《儒道会通与正始玄学》,齐鲁书社 2000 年版。

郭璞注,邢昺疏,陆德明音义:《尔雅注疏》,湖南省尊经阁 1874 年。

侯外庐等:《中国思想通史》第三卷,人民出版社 1957 年版。

皇侃:《论语集解义疏》,王云五主编:《丛书集成初编》,商务印书馆1937 年版。

黄奭:《汉学堂经解》,广陵书社 2004 年版。

黄奭:《黄氏逸书考》,江都朱氏,1934年。

黄侃:《文心雕龙札记》,北京文化学社1934年。

蒋善国:《尚书综述》,上海古籍出版社1988年版。

金毓黻:《中国史学史》,河北教育出版社2000年版。

焦桂美:《南北朝经学史》,上海古籍出版社2009年版。

楼宇烈:《王弼集校释》,中华书局1980年版。

雷家骥:《中古史学观念史》,学生书局1991年版。

郦道元注,杨守敬、熊会贞疏,段熙仲点校,陈桥驿复校:《水经注疏》,江苏古籍出版社1989年版。

李延寿等撰:《北史》,中华书局1999年版。

李延寿撰:《南史》,中华书局1999年版。

李百药等撰:《北齐书》,中华书局1999年版。

李昉等撰:《太平御览》,中华书局1960年版。

李崇智:《〈人物志〉校笺》,巴蜀书社2002年版。

令狐德芬等:《周书》,中华书局1971年版。

刘劭撰,梁满仓译注:《人物志》,中华书局2009年版。

刘义庆著,刘孝标注,余嘉锡笺疏:《世说新语笺疏》,中华书局1983年版。

刘勰著,黄叔琳注,李详补注,杨明照校注:《增订文心雕龙校注》,中华书局2000年版。

刘昫等:《旧唐书》,中华书局1975年版。

刘知几撰,浦起龙释:《史通通释》,上海古籍出版社1978年版。

刘振东:《中国儒学史·魏晋南北朝卷》,广东教育出版社1998年版。

刘起釪:《尚书学史》,中华书局1996年版。

罗宏曾:《魏晋南北朝文化史》,四川人民出版社1989年版。

吕思勉:《两晋南北朝史》,上海古籍出版社2005年版。

马端临:《文献通考》,中华书局1986年版。

马缟集:《中华古今注》,中华书局1985年版,《丛书集成初编》本。

马宗霍:《中国经学史》,上海书店出版社1984年版。

蒙文通:《经史抉原》,巴蜀书社1995年版。

欧阳询撰,汪绍楹校:《艺文类聚》,上海古籍出版社1982年版。

欧阳修等:《新唐书》,中华书局,1975 年版。

庞朴主编:《中国儒学》,东方出版中心,1997 年版。

庞天佑:《中国史学思想通史·魏晋南北朝卷》,黄山书社 2003 年版。

皮锡瑞著,周予同注释:《经学历史》,中华书局 2008 年版。

瞿林东:《中国史学史·魏晋南北朝隋唐时期》,上海人民出版社 2006 年版。

饶宗颐:《中国史学上之正统论》,上海远东出版社 1996 年版。

任继愈主编:《中国哲学发展史》,人民出版社 1994 年版。

沈约等:《宋书》,中华书局 1999 年版。

司马光编著,胡三省音注:《资治通鉴》,中华书局 1976 年版。

孙启治、陈建华编:《古佚书辑本目录附考证》,中华书局 1997 年版。

释道宣:《广弘明集》,上海古籍出版社 1991 年缩页影印宋碛砂版《大藏经》本。

释僧佑:《弘明集》,上海古籍出版社 1991 年缩页影印宋碛砂版《大藏经》本。

释慧皎撰,汤用彤校注:《高僧传》,中华书局 1992 年版。

李昉:《太平御览》,中华书局 1960 年版,上海涵芬楼影印宋本。

汤球:《十六国春秋辑补》,中华书局 1985 年版,《丛书集成初编》本。

汤球:《九家旧晋书辑本》,中华书局 1985 年版,《丛书集成初编》本。

汤用彤:《魏晋玄学论稿》,上海古籍出版社 2001 年版。

唐长孺:《魏晋南北朝史论丛》,生活·读书·新知三联书店 1955 年版。

脱脱:《宋史》,中华书局 1975 年版。

王念孙:《广雅疏证》,中华书局 1983 年版。

王钦若等编:《册府元龟》,中华书局 1960 年版。

王应麟:《玉海》,江苏古籍出版社、上海书店出版社 1987 年版。

王晓毅:《儒释道与魏晋玄学形成》,中华书局 2003 年版。

王志平:《中国学术史》,江西教育出版社 2001 年版。

王鸣盛:《十七史商榷》,中华书局 1992 年版。

王仲荦:《魏晋南北朝史》,上海人民出版社 2003 年版。

王天海:《意林全译》,贵州人民出版社 1997 年版。

汪文台:《七家后汉书》,河北人民出版社1987年版。

魏收:《魏书》,中华书局1999年版。

魏徵、令狐德棻:《隋书》,中华书局1973年版。

魏徵等:《群书治要》,王云五主编:《丛书集成初编》,商务印书馆,1937年版。

吴承仕著,秦青点校:《经典释文序录疏证》,中华书局1984年版。

吴雁南:《中国经学史》,福建人民出版社2001年版。

徐震堮:《世说新语校笺》,中华书局1984年版。

萧子显:《南齐书》,中华书局1972年版。

向世陵:《中国学术通史》,人民出版社2004年版。

解缙等:《永乐大典》,中华书局1986年影印本。

辛冠洁、李曦编:《中国古代著名哲学家评传》,齐鲁书社1980年版。

萧子显:《南齐书》,中华书局1972年版。

许嵩:《建康实录》,中华书局1986年版。

许抗生:《魏晋玄学史》,陕西师范大学出版社1989年版。

杨衒之撰,范祥雍校注:《洛阳伽蓝记校注》,上海古籍出版社1978年版。

姚思廉:《陈书》,中华书局1972年版。

姚思廉:《梁书》,中华书局1973年版。

永瑢、纪昀、陆锡熊等:《四库全书总目》,中华书局1965年版。

余嘉锡:《世说新语笺疏》,中华书局1983年版。

余敦康:《魏晋玄学史》,北京大学出版社2004年版。

袁行霈:《陶渊明集笺注》,中华书局2005年版。

袁宏撰,张烈点校:《后汉纪》,中华书局2002年版。

赵翼著,王树民校证:《廿二史劄记校证》,中华书局1984年版。

赵吉惠、赵馥洁等主编:《中国儒学史》,中州古籍出版社1991年版。

章学诚著,叶瑛校注:《文史通义》,中华书局1985年版。

张岂之主编:《中国儒学思想史》,陕西人民出版社1990年版。

张国刚、乔治忠著:《中国学术史》,东方出版中心2002年版。

张舜徽:《三国志辞典》,山东教育出版社1992年版。

张涤华:《类书流别》,商务印书馆1985年版。

郑天挺等主编:《中国历史大辞典》,上海辞书出版社 2000 年版。

郑樵:《通志》,中华书局 1995 年版。

周一良:《魏晋南北朝史论集》,北京大学出版社 1997 年版。

朱彝尊:《经义考》,中华书局 1998 年版。

朱祖延:《北魏佚书考》,中州古籍出版社 1985 年版。

朱希祖:《汲冢书考》,中华书局 1960 年版。